阅

阅读成就思想……

Read to Achieve

VENTURE CAPITAL

How to Raise Funds for Your Business

创业融资

风投不会告诉你的那些事

［新加坡］梁凯文 (Kaiwen Leong)
陈玟佑 (Wenyou Tan)
梁俐菁 (Elaine Leong) ◎著
潘晨 ◎译

中国人民大学出版社
· 北京 ·

中文版序

对于这本书在中国出版，我们感到非常荣幸。这是我们在中国出版的金融系列丛书的第二本。这一系列的第一本是由中信出版社出版的《全球 REITs 投资手册》，中国人民银行原副行长马德伦、中国基金业协会会长洪磊分别作序推荐。一直以来，我们从全球顶尖的专家那里不断征集此类看法和见解。在美国，我们的书获得了普林斯顿大学现任校长克里斯托弗·艾斯格鲁伯（Christopher Eisgruber）以及前校长雪莉·蒂尔曼（Shirley Tilghman）的认可。我们的文章还获得了《纽约时报》（*New York Times*）畅销书作家们的高度评价，其中前《新闻周刊》（*Newsweek*）自由编辑、普林斯顿大学名誉教授伊万·托马斯（Evan Thomas）称我们的文章是他在普林斯顿大学教学期间见过的最好的文章。

我们从经济及金融方面的专家那里学到了很多东西，并且获得了他们的高度评价。例如，梁凯文博士师从被美国总统奥巴马提名为白宫经济顾问委员会主席的阿兰·克鲁格（Alan Krueger）教授，以及三位诺贝尔奖获得者——埃里克·马斯金（Eric Maskin）、安格斯·迪顿（Angus Deaton）和克里斯·西姆斯（Chris Sims）。克鲁格教授还邀请梁博士在 2017 年回到普林斯顿大学进行演讲。而梁俐菁在普林斯顿大学所获得的奖学金是由传奇投资人、戴维斯精选顾问公司创始人谢尔比·戴维斯（Shelby Davis）资助的，谢尔比也高度赞扬了她的书。她曾在某顶级主权财富基金的投资部门工作多年，主要负责投资初创企业；随后又在某跨国银行工作，受董事会直接领导；她还师从美国某顶级投资银行的副总裁。借助从杰出专家那获得的指导和我们的学术研究以及工作经验，我们在中国的国有银行、外资银行以及顶尖学府举办了多场演讲。通过这些活动，我们得以和一些国内顶尖的企业家们建立了联系。

中国是除美国以外最具活力的初创企业聚集地之一。这里可以看一个数据，我们称那些市值超过 10 亿美元的初创企业为“独角兽”，在美国这样的企业有 96 家。尽管数字并没有被确认，但是普遍认为中国的“独角兽”至少有 76 家。同样地，尽管中国的风险投资数据并没有被确认，但是英国著名咨询机构普瑞奇（Preqin）的数字显示，中国 2015 年报告的风险投资就达到了 370 亿美元。普瑞奇报告显示，美国同一年的风险投资交易额是 680 亿美元，仅仅约为中国的两倍，所以中国在这方面也没有落后许多。尽管报告显示中国的风险投资达到三年新低，这些非常进取的数据近来略显式微，但是我们要记住，与美国相比，中国的风险投资市场仍旧处在婴儿阶段。在美国，风险投资的历史可以追溯到 20 世纪 70 年代，而中国的风险投资仅仅是从 20 世纪 90 年代才开始真正起步的。不仅如此，中国仍旧是一个拥有 13 亿人口的充满诱惑力的市场，仍旧是亚洲拥有最多手机用户的地方，中国的初创企业市场仍旧值得我们密切关注，并且被称为地球上唯一可以和硅谷抗衡的地方。与机构投资者占主流的西方市场不同，中国的风险投资版图的增长是由寻求另类投资工具的高净值人群的增加所带动的。个人和天使投资的数额不断增加，瑞士联合银行财富管理部门负责大中国区超高净值人群的市场经理的报告也显示，投资者对于直接参股私人公司及初创企业等诸如此类的另类投资方式的兴趣正在不断地升温。

然而，恰恰是因为中国的巨大市场和文化差异，考虑在中国进行风险投融资时你需要高度关注以下几个方面。

第一，为了从竞争者中脱颖而出，要做好付出极大努力的准备。在中国，激烈的竞争、创新的速度以及职业伦理都可以构成难以想象的冲击。以硅谷的初创企业作为标杆，它们发展壮大通常需要 5~8 年的时间。而在中国，这个时间跨度可以缩短到 3~5 年。以小米公司为例，这家成立仅大约五年时间的公司目前的估值达到了 460 亿美元，仅次于优步。有人可能认为，这是因为中国有更大的市场和更多的手机用户。外界环境因素的确起到一定作用，但中国巨大的创业者数量也是一个重要因素。举例来说，在类似食品外卖配送这样的热门行业中，中国市场上有几千个竞争者，而硅谷的竞争者数量一只手都能数过来。作为证明中国的初创企业成功有多难的指标，你可能听说过“996”这个说法，就是说早 9 点工作到晚 9 点，每周工作 6 天。

第二，尽管中国市场潜力巨大，但是不要以为单单依靠风险投资就可以支撑你的初创企业。有一些中国特有的因素会导致投资者情绪的不确定性。例如，中国的某些初创企业的进取型估值就引起了大家的怀疑。有些初创企业的估值太过激进，估值“瞬间”飙升 20 到 50 个百分点，导致投资者的压力过大，几乎没有时间对它们进行全面的尽职调查。另一个导致投资者情绪谨慎的因素是投资中国初创企业的退出机制选择过于有限，有大量的公司在排队等待股票市场上市的政府批文，等待时间可能两到三年之久。这一现实甚至冲击了那些中国最好的创业者们。例如，福布斯中国评选出的 30 位 30 岁以下最成功的创业者之一尹桑，就披露了他的网络卡拉 OK 初创公司在融资失败后甚至没有现金支付员工工资。为了保证公司正常运转，他不得不使用抵押贷款，结合各种削减成本的方式，如只选择在 6 座而不是 20 座城市中运营，并且将雇员人数从 600 名减少到 200 名。

第三，那种认为中国的初创企业仅仅是复制西方成功模式的想法已经不再准确了。相反地，虽然中国企业可能会借鉴西方成功模式中的某些要素，但最终的产品通常都和西方的不同，并且在某些方面要优于西方的产品。因此，如果你想仅仅依靠复制来取得成功，那你就得再好好考虑一下了。以美团为例，200 亿美元的估值使它成为小米之外中国估值最高的初创企业之一。最初，美团看上去就是在复制高朋团购网（Groupon）的模式，即优惠团购的模式。但是，如今美团的发展远远超过了高朋团购。它不仅保留了团购的部分，还成为了中国最大的在线票务和食品外卖配送初创企业，有两亿的月度活跃用户。即使从技术创新的角度看，中国的初创企业也已经证明了其世界领先地位。例如，并没有多少人知道全球 70% 的消费型无人机市场是被一家总部设在中国深圳的大疆公司（DJI）占领的。

第四，不要在乎性别。即使你是一位女性，你在中国的初创企业市场上也很可能取得成功。事实上，你会在中国顶级的风险投资基金背后发现很多具有巨大影响力的女性。并没有很多人知道，由女性领导的史上最大资金规模的风险投资基金"H 资本"并不是来自硅谷，它的领导人陈小红是一位来自中国湖北、为人十分低调的女性。陈小红的早期投资包括新东方、京东以及美图秀秀。据报道，陈小红筹集的资金总额高达 5 亿美元，是女性风险投资人之首。在美国，女性筹集最大金额的投资也仅仅是陈小红的一半。除了陈小红，还有其他顶尖的女性风险投资人，比如管理着 HarbourVest Partners 370 亿美元资产的单丽红。在创业者版图中，中国政府估计 55% 的新互联网公司的创办人都是女性，而全部的创业者中有超过 25% 是女性创业者。

我们希望这本书能够在你开始寻求风险投资的时候带给你帮助。中国无疑是当今时代最精彩的所在之一，这里极端严酷的竞争环境至少可以帮你为未来的战斗做好准备。阅读本书可能是第一步也是重要的一步，但是更重要的是走出去付诸实践。投身其中吧，就像马云说的，"梦想还是要有的，万一实现了呢？"

前 言

风险投资世界的规则

作为风险投资经理，我们见过上千份商业计划书，但只会投资其中很少的一部分。而这其中，也只有极少数杰出的计划会成为商业世界里真正的赢家。这就是风险投资世界的规则。这好比你在农作物中挑选最优的，培育它们，如果它们获得成功，就会有惊人的回报。

然而，创业十分具有挑战性，大多数创业都会以失败告终。因此，在评估过程中，我们必须对投资非常严格。这不免有些令人遗憾，因为这意味着我们不得不粉碎很多人的创业梦想。无数次，我们只能送走那些垂头丧气的创业者或者通过电话把坏消息告诉他们。他们中的很多人都会追问他们到底做错了什么或者怎样可以做得更好。

不单是创业，运营一个商业项目也同样具有挑战性，在那些能够成功通过评估并获得创业投资资金的项目中，也只有很少一部分能够最终取得成功。很多项目都会遇到始料不及的阻碍，比如不利的政策规定、有问题的扩张计划或者管理层领导力不足等。不管遇到的是何种困难，一次又一次倾力投入的创业者最终只落得两手空空。这些创业者牺牲了时间和金钱，但最终却还是未能成功。

因此，无论在宏观层面（在投资监管的过程中）还是微观层面（在创业公司的董事会上）上，我们都希望新的创业者能够了解我们从那些失败者的错误中所获取的经验教训。但令人遗憾的是，这些经验往往只能从亲身经历中获得，而真正有价值的经验常常无法有效地分享。

在本书的写作过程中，我们始终把具有潜力却缺少正确引导的创业者放在心中。关于创业的书籍有很多，但是一本好的创业书必须具备如下三个特质。

- **要强调基本又重要的细节**。很多商业书籍的作者都是行业里的老手和专家，对于他们来说，书里介绍的经验和资料都是常识。我们不必告诉他们如何处理最基本的事务，如估算市场规模、出席创业研讨会或者了解风险投资的动机。然而对于创业者来说，这些简单的事物却极为重要。很多创业者就是摔倒在这第一块绊脚石上。因此，本书假设读者并不拥有相关基础知识，将会全程解说每一个细节，从如何注册参加创业研讨会开始，一直到如何与你的风险投资者保持良好的关系。
- **要包含行业秘密又经得起现实的考验**。虽说什么都不如第一手经验，但是如果能够吸取别人的经验教训也不错。他们为什么失败？我们该如何绕开那些绊脚石？本书包含的案例全部来自创业者的真实经历，这会令读者对创业初期将会遇到的各种现实状况产生深刻的认识。没有谁能一夜之间成为亿万富翁。99%的创业项目都无法得到风险投资，你当然不想成为其中的一员。为了避免这种情况发生，你需要避免失误，做得更好。虽然那些极具吸引力的成功模式或许能够告诉你攀登商业巅峰的金科玉律，但假如你同时犯下致命错误，这些都将无济于事。所以，本书要做的不是告诉你成功的法则，而是告诉你如何通过避免失败来获取成功。
- **要使你了解风投基金经理的思维方式**。风投运营起来就和每个人的活动一样，你需要了解他们是如何进行思考的，他们会优先选择哪些项目？有哪些决定性因素？又有哪些行业内幕？

在创业的过程中，你可能会需要借鉴三类金融商业书籍，根据每位创业者不同的需求，每类书籍能够起到的作用也不尽相同。

- **新手指导**。这类书籍是写给新手们的。这类书籍会讲解最基本的步骤，所以读者并不需要事先拥有相关基础知识。由于新手们通常缺乏经验，所以这类书籍会通过案例分析讲解行业实务。

- **补充阅读**。这类书籍是对读者现有知识的补充，其目标读者是那些希望学到更多专业技能的创业者，通常包含很多高深的词汇和公式。基于读者们都具有一定基础知识的假设，这类书籍会省略那些基础性细节。如果新手从此类书籍开始阅读，有时就会不知所云。
- **学术书籍**。这类书籍通常是由具有几十年研究经验的教授们编著的，包含丰富的内容和大量的信息。它们面向学术界，因而内容包含大量专业术语，深入研究探讨复杂的课题。如果你不是专业人员，阅读这类书籍时，要不需要找人带着你读下去，要不就得自己花时间一字一句地慢慢消化。

而本书属于新手指导类的书籍，专为风险投资行业的新手量身打造的，我们所面向的读者并不熟悉专业词汇和术语，并且缺乏商业项目经营的经验。而本书的结构很像一顿三道菜的大餐。

- **前菜**。大餐总是从前菜开始，正如每章的开头会给读者一个简要的概况，解说 WIN 模板（随后详解）下我们需要学习哪些内容。
- **主菜**。这里有每章的精华部分，讲解如何成功获得风险投资并提供相关的实用建议。最重要的是，在这一部分，我们将分步骤详细讲解基础知识，以便新手创业者们能够真正理解如何争取到风险投资。
- **甜点**。经验是学习过程中的核心。很多商业书籍都能教给你技术细节，但是只有那些内容里有实际行业经验的书籍才能指出其他人错在哪儿，以及你该如何避免犯下类似的错误。

我们时不时地还需要更多的技术细节，这就引出了下面的辅助工具。

- **银餐具**。用来支持主要内容的简要信息，通常包含更多的技术和具体细节。

在全书的总体框架下，我们采用了一个特别的模式来帮助创业者辨别优劣，并且告诉你如何成为一名杰出的创业者。对于专业人员来说可能靠直觉就可以了，但是对于新手来说，这些标准并不是十分清楚。在风险投资领域，多少算是巨额资金？50 万元[①]对一名学生来说可能已经算是一笔巨款了，但对一位风险投资人来说可能只是沧海一粟。还有，什么算是高收益率？同样，一位“优秀的”创业者需要具有什么样的素质？我们将全程运用 WIN 模板（以三类创业者的英文首字母缩写命名的模板）来帮助你区分什么算是“优秀”，而什么又算是“杰出”：

- **赢家**。这类创业者从各个方面看都是赢家。他清楚地了解风险投资经理们的想法，也明确知道怎么做对一个创业项目来说才是最好的。遇到困难时，他们毫不迟疑，寻求方法解决问题。
- **“中等生”**。这类创业者虽不杰出但也没有差到让创业项目关门大吉的地步。在商场上，他们可以生存，但也仅此而已。最终，“中等生”们不可避免地不是自己退出行业竞争，就是创业项目本身由于停滞不前而败下阵来。
- **失败者**。这类创业者无法打动任何理智的风险投资经理。基本上，这类创业者只能吸引一种投资，那就是来自家人、朋友和傻瓜们（这个名词我们会随后详解）。他们大多会面临巨额损失，还没到一年就落到破产的下场。

常言道，一扇门为你关上了，就会有另一扇窗为你打开。不过，如果你想坐等另一扇窗为你打开，那这本书就不太适合你了。

这本书要告诉你的是，当一扇门关上的时候，用什么方法能将它再次打开。这本书将告诉你在遇到困难时应该用何种策略和技巧战胜困难。

问题是，你到底想不想成为赢家？你到底想不想创立自己的商业帝国？如果答案是肯定的，那么就别犹豫了，赶紧拿起书来学习如何为你的创业项目获得风险投资吧！

---

① 本书所用货币元除特别标注外均指新加坡元。——译者注

VENTURE CAPITAL

How to Raise Funds for Your Business

目 录

第1章

你必须了解的风险投资市场

前菜

要想寻求风险投资，首先你要了解你面前都有哪些选择。什么是风险投资基金？市场上有哪些类型的风险投资基金？它们有什么不同？投资者有哪些类型？对于每类投资者，你都需要了解哪些方面的信息？

要回答这些问题，我们需要全面了解风险投资市场的概况，分析创业者能够获得的主要融资种类，并解析各类融资的优缺点。

创业者中的赢家在行动之前都会仔细研究风险投资市场。他明白，风险投资基金的类别及其投资目的决定了他该提交什么样的商业计划书。他和优秀的象棋选手一样，在比赛开始之前，对于要运用何种策略早已成竹在胸了。

创业者中的“中等生”也明白市场上有不同种类的风险投资基金，但是他很难将这些知识很好地运用到实践中，他无法用掌握的知识来完善商业计划书或者应对创业过程中可能遇到的挑战。

而创业者中的众多失败者则会在风险投资市场里面横冲直撞，他在并不了解每个风险投资人的投资愿景和投资目的的情况下，就向他们随便递交商业计划书。他并没有针对每个投资人具体的要求量身定制商业计划书，所以基本上在最初阶段就会被淘汰。

主菜

风险投资的出资方分为以下五种类型，我们可以从中作出选择：

1. 家人、朋友和傻瓜们（Families，Friends and Fools，FFF）；
2. 天使投资人；
3. 风险投资公司；
4. 政府风险投资基金；
5. 企业风险投资基金。

家人、朋友和傻瓜们

这并不是开玩笑，FFF 确实是行业内常用的专有名词，是一种最基本的风险投资出资方的类型。由于获得融资相对容易，FFF 几乎是每个创业者都会用到的融资途径。这类投资者十分了解创业者，因此他们即使不熟悉创业者的商业模式，也会伸出援手。

如果你的 FFF 资源很丰富，就好好利用吧。不过要小心这会给你带来什么样的影响，特别是当这些投资者并不单纯地希望得到利益回报的时候。有些 FFF 投资人会提出类似瓜分公司相当大的一部分股份的无理要求。

与上述情况相反，对于那些没有那么聪明的 FFF 投资人，你也得提高警惕。他们总会给你提些好心的建议，但是这些建议对你的创业项目毫无用处。毕竟，厨子多了反而做不好一锅肉汤。

天使投资人

天使投资人通常都非常富有，他们都属于高净值人群（High Net-worth Individuals，HNIs），比如退休的公司高管、成功企业家或者巨额财产继承人。可以肯定的是，他们很有钱。但是因为他们是不同的个体，所以他们投资的动机和意愿会有很大的差异。天使投资人通常可以分为以下两种类型。

第一种天使投资人从动机上讲简直和他们“天使”的称谓一样，他们以向初出茅庐急需资金支持的创业者提供指导为乐趣。他们大都是希望为以往的下属提供帮助的退休老板们，对他们来说，挣钱倒是次要的。你给他们的商业计划书不需要很完美，但是为了获得他们的支持，你必须与他们保持良好的个人关系。

第二种天使投资人更像赌徒，他们渴望投资那些高风险、高回报、可能创造令人惊艳的收益率的初创企业。总的来说，他们愿意寻找璞玉，但也十分挑剔。只有大概百分之一的初创企业能够获得他们的青睐，其他的都会被抛弃。如果你遇到的是这类天使投资人，请确保你的商业计划书的内容足够精明完善。你需要完全说服他们，你的创业项目能够创造他们想要的高收益率。

关于天使投资人，需要提醒创业者的几点是，他们并没有像大型跨国公司一样雄厚的资金实力。他们的确是高净值人群，但是别期待他们能够为你的创业项目提供几十亿的启动资金。同时，由于是个人运营，天使投资基金的管理并不规范。当然，这种局面在逐步改善。如今的天使投资人开始聘请自己的分析师，制度也更加健全。不仅如此，由于他们投资的创业公司数量较少，并没有形成像其他投资人那样的规模效应，因此与他们合作不会有大量的连带关系需要处理。这并不是说他们没有关系网，恰恰相反，他们的关系网与他们之前从事的工作紧密相关。

风险投资公司

风险投资公司通常是在天使投资人完成初期投资后参与进来的，此时，创业项目已经取得了一定的进展。风险投资公司的基金经理们要负责投资基金的业绩，并且更多地参与到创业公司的经营中去，他们在董事会拥有席位，签署投资意向书，以此达到掌握公司一定控制权的目的。

不仅如此，他们还更加挑剔，在评估投资项目的时候，他们要看到已经成型的公司经营业绩或者其他可见的证明。如果他们无法确认投资的合理性，那么他们将不会进行投资。了解了他们的动机，就可以明白他们为什么这么需要确定细节了。因为在未来，他们可能会需要把你的商业计划书以某种形式呈送给他们的老板们。你给他们的信息越多，他们就越能帮你争取到更多。

接触风险投资公司最大的好处在于，他们非常专业。正常情况下，他们也会投资其他的初创企业，但是他们可能会对提供互补性产品和服务的初创企业更感兴趣。所以，如果你愿意和其他创业者组成一个投资组合，那么他们可能会更加愿意为你提供机会，把你的创业项目和其他公司的项目组成一个共同体来投资。

政府风险投资

政府风险投资基金与传统风险投资公司非常类似，但这类投资主要用于与国家某些建设相关的特定领域。这类投资基金的典型例子之一就是新加坡的种子基金。和其他投资基金一样，种子基金也需要创造收益，但它还有另外两个目标，即创造就业以及资助政府支持的产业。

全世界的国家政府都有特别的投资目标和想要支持的产业。马来西亚政府设立赛城项目以促进信息交流技术（ICT）产业的增长。这个项目的一项举措就是投资当地很多的信息交流技术公司，希望使它们成为马来西亚经济的中流砥柱。

企业风险投资

企业风险投资与传统的风险投资基金十分相似，和政府风险投资基金一样，他们也有着明确的投资目的。

我们可以把企业风险投资当作政府风险投资，二者的区别是政府风险投资为了实现国家和政府的利益最大化，而企业风险投资是为了实现大型集团，通常是跨国公司（MNCs）的利益最大化。这些跨国公司追逐利润、规避风险。企业风险投资基金通过帮助跨国公司投资那些生产互补产品的初创企业，达到促进公司成长以实现更高利润的目的。与此同时，他们希望通过避免过度依赖内部研发来规避风险。创立风险投资基金是捕捉市场机遇的好办法，能够帮助跨国公司找到未来市场上值得购买和给予特许经营权的创业项目。

举例来说，新加坡电信有限公司投资了多家应用软件开发公司。这些投资看上去与这家公司的业务没有关联，但事实上大有门道。作为电信商，用户每次下载一个应用软件都需要使用他们的签约流量，而用户流量使用的增加就带动了新加坡电信有限公司营业收入的增长。

毫无疑问，由于有跨国公司的强大资金支持，集团风险投资实力雄厚。不仅如此，他们还拥有广阔的全球网络，依托这个网络创业者可以把创业项目带上一个全新的发展平台。如果你准备得足够充分，这类投资人就可以帮助你进入新的市场。

创业者快速自我评估

1. 你手头有没有一份创业项目所在国家的各类风险投资基金名单？
2. 你能否清楚地把上述基金进行分类？
3. 你是否能够简单地描述这些风险投资基金？它们的投资目的、愿景以及使命是什么？
4. 你有没有修改和完善你的商业计划，以适应每个风险投资基金的特殊需求和条件？

甜点

说了这么多，风险投资基金并非表面看上去那么简单。由于拥有雄厚的资金实力和国际化的网络，一个集团风险投资基金看上去可能特别有吸引力。但是，一切就这么简单吗？让我们来看一个相关的案例。

案例分析：空欢喜一场

陈彼得早在28岁时就已经是Eye-Speye公司的首席执行官了，Eye-Speye公司是一家技术领先的监控设备生产商。在外界看来，他外表英俊，职业生涯迅速攀升，简直是人生赢家。

但这一切都只是表象，现实却远非如此。过去的几个月，陈彼得生活得就像行尸走肉，甚至比一个囚犯好不了多少。他每天只睡不到五个小时，不停地和雇员们谈判，这些谈判经常演化成激烈的争吵。女朋友和他闹分手、家里人劝他放弃公司，因为他的工作根本不值得这么多的付出。

陈彼得告诉所有人，他会很快走出困境，他不会放弃公司的。但是，实际上，他已经处于崩溃的边缘了。每天晚上躺在床上，他都被公司倒闭的噩梦所困扰，现金流即将枯竭，公司急需注入新的资金以保证运营。早上醒来，脑海里闪现的第一件事就是他两年来的苦心经营都有可能会付诸东流。他不能放弃，他也不愿放弃。

每次困得睁不开眼的时候，他就再喝点咖啡硬撑下去。他不停地修改商业计划书，与潜在的投资人进行会谈，在公司的车间进进出出，以确保生产顺利进行。

“你为什么总是在工作？”他的女朋友金娜抱怨道。而他太专注于工作，根本没有反应。她不耐烦地拍拍他，说道：“我们出去走走吧！”

“我在写商业计划书。”他终于有回应了。

“商业计划书！商业计划书！商业计划书！你什么时候计划计划向我求婚？”她反问道，“为什么不能干脆给每个人一样的商业计划书？我觉得你就是喜欢给自己找事做。”

陈彼得把头埋到双手里面，控制着不让自己发火。已经是午夜了，他才刚刚开始着手写这份商业计划书，他实在不想金娜再在身边指手画脚了。

“金娜，”他都说了无数次了，“我还没有足够的钱结婚。你明明知道，我见的每个投资人都是不一样的，我需要写点儿特别的东西来吸引他们的眼球，事情没有你想的那么简单！”

“你就是不再爱我了！”金娜痛哭起来，喊道，“我回家啦！”她冲出房间，离开了。

他知道他该去追她回来，但是他真的没有力气了。他明白她这次可能真的要和他分手了，就像她经常威胁他的那样。但是他的事业也正处于成败的关键时刻。而且，如果他的公司失败了，金娜更会断然离他而去，所以他决定先以事业为重。

明天他还有一个重要的会谈，与新加坡最大的电信商 Connexion 商谈投资事宜。经过几个月的努力，他终于找到机会把他的商业计划呈送给 Connexion 的一位高管。这次不能再出任何差错。如果成功了，Eye-Speye 公司的经营就会上升到一个全新的水平。他将得到足够的资金，把公司从一个小生产商发展成一家大规模的企业。他将得到机会与 Connexion 的海外分支机构取得联系，进而把 Eye-Speye 公司的产品打入国外市场。未来将充满无限的可能性。

手机一直在响，但是陈彼得没理它，他打开一罐红牛饮料并继续准备他的商业计划书。他做足了功课，他知道获得投资的切入点。Connexion 希望能够提高销售额，在不断地寻找创新产品，而 Eye-Speye 公司的产品恰恰能够帮助 Connexion 实现这个目标。

怎么实现？陈彼得有一个天才的想法。经过前期研究，他发现宽带网络服务收入在 Connexion 的业务收入中占比很大。而近几年来，媒体上有大量的文章讨论由于儿童被独自留在家里而导致的各种问题。等到这些家庭的父母发现问题时，通常都为时已晚。

陈彼得把两件事情联系起来，意识到 Eye-Speye 可以向 Connexion 提供监控设备解决上面提到的问题。他们公司拥有捕捉影像的摄像头技术，能够将捕捉到的影像上传至云端，这样只要监控人有网络连接，他们就可以随时随地监控家中情况了。

这是个完美的商业计划。这个项目不仅能够吸引那些因为工作不得不在白天雇用保姆照顾孩子的父母们，也可以把用户群扩大到零售商店。基于同样的逻辑，零售商们可以在商店里安装Eye-Speye的设备，通过Connexion的高速宽带网络来远程监控雇员和商店内的情况。这个计划可以打造一个双赢的局面，陈彼得觉得自己找到了完美的切入点。

陈彼得做完演示文稿的时候，已经将近凌晨4点了。头一贴枕头，他就睡着了。八点钟，他爬起来，草草地穿上西装，就是今天了，他不断地告诉自己，就是今天了！

在去Connexion总部的路上，陈彼得一直在掐自己的胳膊，以防止自己睡着。在地铁上，他默念自己的商业计划书，再次回忆每个关键点。上午八点四十五分，陈彼得已经坐在Connexion公司总部的大堂了。他早到了一刻钟，这能够给人留下良好的第一印象。九点整，安排这次会见的总监何家杰先生过来和他打了招呼，带他来到了一间会议室，会议室里已经坐了六七位高管了。

陈彼得把自己的商业计划书一字不落地演示出来，表现得完美无缺。在座的高管们的每个微笑和每次点头都让陈彼得更有信心。他状态极佳，他在会议室自信地踱着步，资料和数据信手拈来，看上去对Connexion公司的情况了如指掌。

最后，何先生站了起来，与陈彼得结结实实地握了握手。陈彼得的商业计划十分精彩，潜在收益巨大。这是他们以前没有见过的机会。“很好，”何先生热情地说道，“我想我们一定会找到Connexion与Eye-Speye的合作途径的。”

陈彼得不敢相信自己的耳朵，听到这个好消息，他都想跪下来感谢老天。他强装镇定，让自己看上去很专业。“谢谢，”他声音有些颤抖地答道，“很高兴能够进一步商谈合作事宜。”

“我们看到了巨大的潜力，”何先生继续说下去，“我相信你肯定听说过OzTalk，那是我们公司在澳大利亚的子公司。我想我们可以让你们取得联系，把业务向国际化拓展。这多有开创性！”

澳大利亚？国际化？陈彼得头晕目眩。他不敢相信自己梦想成真了，全部的努力和付出终于有了回报。

“我们什么时候可以坐下来确认具体合作细节？”陈彼得急切地询问道。

“越快越好，”何先生回答道，“你是我们见过的最优秀的创业者之一。我们一定会优先安排和你进行会谈。”

陈彼得仿佛一下子成了电影明星。Connexion 公司的其他高管们也走上前来热情地祝贺他，承诺一定和他保持联系。他和何先生确认了下一次会谈的时间，会见公司的几位高级管理层成员。

“融资不是问题，”何先生一直强调，“我们资金实力雄厚，但我们必须保证把钱投资在正确的项目上，当然我认为你们公司十分合适。”

陈彼得脚步轻盈地走出大楼，脸上带着微笑。身体透支带来的持续头疼消失了，他觉得自己现在可以跑一个马拉松，然后再去攀登喜马拉雅山。就算金娜和他分手又怎样？这一切都值了。

然而，金娜并没有和他分手。听到这个好消息，她用胳膊钩住他的脖子给了他一个大大的拥抱。“我就知道你肯定能行！”她尖叫着亲吻陈彼得的脸颊，“那么我们怎么庆祝一下？”

“你想去哪家餐厅我都带你去！”他说道。

陈彼得的担忧烟消云散了。现金流出问题了？Connexion 公司会解决的。没有业务机会？ Connexion 公司会把公司业务推向国际。没有足够的订单？Connexion 公司会把他推荐给任何他想合作的公司。

一切就像做梦一样。陈彼得随后在 Connexion 公司参加了一系列会谈，向公司首席执行官讲解了自己的商业计划，并且获得首席执行官前所未有的认可。“我要是能把你招在麾下就好了，”首席执行官说，“你很有天分。”

他们签订了投资意向书，准备商谈合作细节。Connexion 公司支付了全部法律程序产生的费用，完全没有让陈彼得掏腰包。虽然进程有点缓慢，但陈彼得还是很高兴。Connexion 公司显然在稳步推进投资 Eye-Speye 的工作，以保证陈彼得能够成为他们的合作伙伴。

两个月后，陈彼得签署了全部的协议并把它们寄回 Connexion 公司。然而又是好几周过去了，却一点儿消息也没有。是不是文件寄丢了？陈彼得想。但是当他去快递公司查询以后发现，快递早就送到了。

也许公司内部流程很烦琐，陈彼得对自己说。但是当他给 Connexion 公司打电话询问的时候，他们一直向他保证合同签好就会马上寄回给他。“我们最近一段时间非常忙，”何先生说，“请再等一等，我们会联系你的。”

四个月后，还是没有消息。陈彼得开始感到焦虑了。到底怎么了？他可就指望 Connexion 公司的支持了，完全没有联系其他任何的投资人。但是为什么用了这么久？陈彼得再次和何先生联系，“真是对不起啊，彼得，”何先生回答道：“你的商业计划书正好赶上我们一年中最忙的时候，我们首席执行官现在又正在出差。本周内我们会和你联系。”

但是又过了一个月，陈彼得还是没有得到任何答复。Eye-Speye 公司的员工开始交头接耳，他们怀疑投资可能永远都不会到位了。金娜一直在耳边问他何时能够成为新加坡的下一位最优秀的首席执行官。家里人又不断来电话询问最新的消息。“我们已经告诉所有的亲戚了，”陈彼得的妈妈说，“我们什么时候能在报纸上看到你啊？”

那些昔日的噩梦重演了。要是 Connexion 反悔了怎么办？他完全没有备案。他已经完成了作为合作伙伴的全部基础工作，包括尽职调查以及完整的财务模型。他只需要拿到合同就可以开始工作了。但是何先生一直只有一个回应：“我们太忙了，但很快会给你答复的。”

这个“很快”持续超过了六个月。陈彼得不能再等了，在何先生的秘书多次拒绝他安排会面的请求之后，有一天，他没打招呼就直接去了 Connexion 公司总部。肯定出了什么问题，他必须解决问题，不然的话，

Eye-Speye 公司就会倒闭了。

在前台要求见何先生的时候，他被要求提供姓名。他的第一反应是说实话，但是在最后一刻他改变了主意。“我有个特殊的包裹需要当面交给何先生。”陈彼得说得十分自然。他可不想让何先生再躲着自己了。

“稍等片刻，”前台接待说。“您可以把包裹留在我这由我转交吗？”

“不行，”陈彼得撒谎说，“这是高度机密，我必须保证何先生亲自收到包裹。”前台接待皱了皱眉，又拨通了何先生的电话。这一次，她让陈彼得进去了。

陈彼得走向何先生的办公室，他就在拐角处，他已经可以看到他了。他怒火中烧，何先生为什么到现在还不给回复？他的秘书为什么不同意安排会面？他们为什么不解释一下到底出了什么问题？陈彼得付出了那么辛苦的劳动。无论如何，都应该给他一个解释。他极力控制自己的情绪。他本想踹开办公室的门大声质问，但是他明白这样做没有意义。他并没有那么做，相反地，他尽量保持专业，思考着怎样说服何先生投资自己的公司对 Connexion 公司来说依旧是很好的选择。

何先生一看到陈彼得走进来脸就沉了下来。陈彼得并不在意，径直走进他的办公室。“下午好，何先生。我想了解一下投资合同的情况。”

“啊，唔……”何先生支支吾吾，眼睛望向别处，回避着陈彼得的目光。

“如果有什么我可以做的，”陈彼得说道，“请一定告诉我。你瞧，我已经做了很多基础性工作……”他打开公文包拿出一摞文件材料摊在何先生的办公桌上。“我在讲解我的商业计划书的时候已经提到了，Eye-Speye 公司可以为 Connexion 公司带来多达 2 000 万元的营业收入。收到合同，我就可以着手工作了。”

陈彼得观察着何先生的表情。他之前表现出来的急切和热情已经消散，现在只剩下空洞的眼神。

“彼得，”何先生说，“我感谢你的付出，但是我不知道你是否意识到了……”

“什么？”陈彼得问，他感到喉咙发干，声音沙哑。

“……我们的首席执行官换了，所以，公司的经营策略也作了调整……”

“这不成问题，”陈彼得立即打断他，“我可以调整一下，来达到你们新的要求。”

“……我们又找了其他几家创业公司，他们能够为我们营业收入的增长作出更大的贡献。”

“多大的贡献？”陈彼得问道，并极力控制着自己，才能做到不情绪崩溃、大喊大叫。

“这是商业机密。但的确是很多，”何先生说道，“实在不好意思，我得继续工作了。”

“我可以再更新一下我的商业计划，何先生。只要告诉我你们想要的是什么。”

“对不起了，我们的投资协议已经签署了，现在正在实施阶段。但无论如何，我相信你总会成功的。”他接着说道。

“我能知道你们新的策略重点是什么吗？简单地介绍一下就可以。我可以提一个全新的商业计划，一个你们从来没有见过的……”

“对不起，”何先生坚持道，起身把陈彼得送到门口，“我们现在太忙了，没办法考虑其他的商业计划了。”

就这样，陈彼得的美梦彻底破碎了。他曾踌躇满志地走进 Connexion 公司，现在却失望地走了出来。他相信了那些美好的承诺和诚恳的握手，那些热情的微笑和亲切的谈话。但是，最后他得到的仅仅是无情的拒绝。

故事寓意

陈彼得不幸成为了公司政治争斗的牺牲品。第一周，一切顺利，投资意向达成；而到了第二周，投资人管理层变动，公司因调整业务重心，投资被叫停。他并没有预料到这些事会发生，然而正是这些毁掉了他全部的努力。这就是为什么了解投资决策者的动机并且和他们保持良好的关系至关重要的原因。

VENTURE CAPITAL

How to Raise Funds for Your Business

第2章

融资时，我们该朝哪儿射门

前菜

风险投资基金经理们如何做出决策？你的商业计划应该如何定位？三类创业者在需要做出重要决定时的表现有何不同？

赢家比“中等生”拥有更成熟、更睿智的见识，他虽然和“中等生”做得差不多，但却多做了关键的一步——赢家在开始寻求风险投资之前，就会花时间去全面了解他要申请的投资基金。也正因为如此，赢家在创业路上一切顺利，而“中等生”和失败者却只能苦苦挣扎以至最后不得不放弃。

“中等生”比失败者强一点儿。他也会做一些调研，然后想出一个绝妙的创意。随后，他找到风险投资基金并且获得了展现这个绝妙创意的机会。他做足功课，把一切都准备好。他的数据很有说服力，项目预期回报比别的公司都多。但是他却没有获得风险投资，而他永远不会知道这是为什么。

失败者的决策并不是基于现实情况而是根据自己的感觉。举例来说，如果他喜欢吃甜甜圈，他会认为卖甜甜圈就是这个世界上最好的生意，即便数据显示并不是那么回事。因此，失败者的创业计划几乎总是被甩在一边。

那么，怎样才能成为一名赢家呢？本章将讲解制胜公式中的另一个关键因素——每只风险投资基金都是怎样做出投资决策的？我们该朝哪儿射门？我们该把精力集中在何处才是对的？

主菜

你肯定听过“没钱啥也干不了”这句话。可是，我们要告诉你的却恰好相反。有时候，即使钱没那么多，也还是能做成事的。这听起来不可思议，那还是让我们先来看看风险投资基金的钱都是从哪儿来的吧。

风险投资基金和创业者们很相似。它们也有投资人要应付，并且每个投资人都不同。站在人的角度看，基金公司是由很多想法不同的人来运作的。正因为如此，这其中总会有一些非理性的因素存在。不可避免地会受到个人喜好的影响。举例来说，一个创业项目本来有着很好的前景，但如果它的首席执行官与基金经理不和，那么它将很难获得这位基金经理的青睐。

站在基金公司的角度看，一家风险投资基金公司的各种投资行为是由向它提供投资资金的投资人来决定的。这大概出乎很多人的意料，因为人们大都认为风险投资基金本身就拥有全部的资金。实际上，风险投资基金公司也有自己的投资人，而且需要对它们负责。这样看来，它们很像创业者，也得向上级报告。因此，风险投资基金经理们对于把基金投向何处并没有完全的发言权。

几个投资人把资金放到一起成立了一家风投公司，然后由这家公司决定投资到哪个项目上，这种形式被称为有限责任合伙人模式。作为有限责任合伙人（LP），就意味着他们承担以他们出资金额为上限的责任。同时，他们也受限于不能对单个投资项目做决策。如果有限责任合伙人参与了单个投资项目的决策，那他将面临法律风险，以至于失去有限责任合伙人的地位（如图 2—1 所示）。

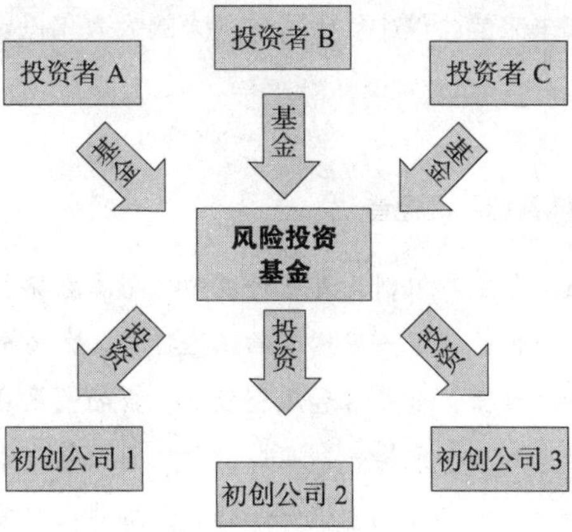

图 2—1 风险投资基金的投资模式

这个模式为什么如此奇特？为什么要建立这个相对而言成本较高的模式？为什么不直接投资那些创业公司？这些问题有如下几种可能解释。

- **法律保护**。作为有限责任合伙人，他们的责任上限即为投资的金额，这规避了很多法律问题。
- **无形成本**。在现实中，寻找、评估创业公司会耗费很大的成本，并且这些成本很难用货币来衡量。因此，你必须掌握如何挑选大热门项目的方法，然后还得花费大量宝贵的时间来评估这个投资项目。尽管有限责任合伙人模式看似没什么必要，但是当投资人并不想自己花费精力去选择好的投资项目时，这个模式就显得十分有用了。
- **税务便利**。合伙人制度在税收上非常便利。如果投资基金以公司的形式成立，可能会面临重复缴税的局面，而获得的收入在公司层面和投资人层面上都会被征税。在合伙人制度下，只有合伙人取得的收入才会被征税。

甜点

为什么说搞清楚谁投资了你，或者说你将与之合作的风险投资基金是谁，将是如此的重要？因为和其他事物一样，风险投资基金也有好坏之分。如果和风险投资的合作出现了问题，有时候就不得不让有限责任投资合伙人参与到你的谈判和未来的会议中。了解这些人的为人和投资动机将会起到很大的作用。

案例分析：木偶背后的操控者

尽管这并不经常发生，但创业者有时候的确需要直接和有限责任投资合伙人打交道，因为他们选择了一家错误的风险投资基金公司合作。由于会有一些无法预知的情况发生，创业者和风险投资基金的关系可能会开始出现问题，这会让创业者感到束手束脚。创业者们看公司报表，觉得业绩表现还不错，甚至考虑要扩大公司规模，于是他开始联系那些已经建立了合作关系的风险投资基金，希望能得到进一步的帮助。然而，与之合作的风险投资基金公司管理层刚刚作过调整，导致沟通的回应十分缓慢，也没有效率。

创业者对此很焦虑。他需要知道风险投资基金公司能否给予他下一轮的投资支持，不然的话，他就不得不和某位海外合作商终止合同了。和那个海外合作商的合同基本已经敲定了，当地市场也做好准备接受他们的产品，甚至就连产品销售渠道这样的细枝末节，他都已经考虑好了。

近几个月来，创业者不断去拜访风险投资基金公司，希望能够获得资金支持，但是总是无功而返。他几乎要绝望了，公司运营资金日益减少，合同每拖一天，其潜在的营业收入就会降低一些。

他并不知道风险投资基金公司身后的有限责任投资人其实对他的公司十分感兴趣，他甚至不知道有限责任投资人的存在。几个月来，有限责任投资人都在要求风险投资基金公司提供关于创业公司的最新信息。但是风险投资人并没有提供有效的信息，并且回复得非常慢。

创业者实在等不及了，就直接联系了有限责任投资人。让他高兴的是，有限责任投资人立即回复了他，并安排了一次会面，告诉他问题可以解决。在有限责任投资人的帮助下，风险投资基金和创业者之间的合作改善了很多。

故事寓意

谁也不知道会发生什么，但是和有限责任投资人保持良好的关系总是会在需要的时候帮助到你。因此你得了解你的风险投资基金，而且还得搞清楚谁是他们背后的真正出资人。这样，就算发生一些状况，你至少还可以求助到风险投资人以外的人。虽说这样做有时候可能会影响到风险投资人的情绪，但至少比眼睁睁看着你的公司失去一次宝贵的机会要强。

财务动机

既然已经了解了风险投资基金的基本结构，我们就可以更深入地去探究它们的财务动机了。所有的投资项目都得有一定的经济回报，否则没有谁会愿意把钱投资到这个项目上去。

但是，风险投资基金所寻觅的到底是什么样的回报？又有哪些风险投资基金是我们的目标呢？

当然，不同的风险投资基金对投资回报率有着不同的预期。在讲解这个之前，让我们先了解一下两个关键概念：内部回报率和门槛率。

银餐具

内部回报率

内部回报率经常被用来作为门槛率（这个名词将在随后讲解）的计算基准，通过计算内部回报率，我们可以评估一项投资或者一个项目是否具备较高的投资价值。内部回报率越高越好。你可以把它看作风险投资可以从项目中获得的收益。

计算内部回报率的主要目的是算出投资成本净现值（负的现金流）与收益净现值（正的现金流）相等时的折现率。

净现值

由于一定数额的货币在当前所能够产生的购买力（真正的价值）与其在未来所能产生的购买力是不同的，因此，我们需要用现值和未来值来评估货币的价值。影响货币时间价值的两个主要因素是利率和通货膨胀率。

假设今天你手头有 100 元。如果你把这 100 元以 5% 的年利率存到银行，那么明年你将得到 105 元。

但是由于通货膨胀的存在，这 100 元的价值可能会有所改变。假设你留着这 100 元不用，而你今天本来想去超市买东西，一袋糖的价格是 2 元，这样你本可以用这 100 元买到 50 袋糖。

但是到了第二年，由于通货膨胀，相同的一袋糖的价格变成了 2.20 元。所以尽管你手里的还是去年那 100 元，但是你只能买到 45 袋糖了。这样说来，由于商品的价格普遍上涨了，所以你手头的这 100 元就贬值了。

折现率

在这里提到的“折现”与商场里打折的意思是完全不同的[①]。高折现率并不意味着你占了便宜。现在，请将关于商场打折的事情抛之脑后，让我们重新开始认识“折现率”这个概念。

折现率是指在相同的风险条件下，金融市场上的一项投资可能获得的投资回报率。这个比率在金融上被视为一个保护性的衡量标准，用来确保潜在的收益不会被高估。

我们可以用一个简单的类比来帮助你理解：你朋友来找你，说他有个绝妙的商业计划。如果你给他 100 元，他保证到年底你的收益会达到 4%，这听上去的确是个不错的投资。可正当你准备把钱打给你的朋友的时候，你看到了银行的网页。你发现如果把这 100 元作为定期存款存在银行，利率会达到 5%。

① 二者的英文单词是相同的，都是“discount”。——译者注

这 4% 的收益率立马看上去没那么高了。如果银行能给你 5% 的利率，那么要是你把钱借给你的朋友，你获得的收益率就相当于少了 1%（5%–4%=1%）。事实上，你并不是获得了 4% 的收益率，而是损失了 1%。

如果你开始用这种方式去思考问题，那么你就已经开始理解折现率的意义了。事实上，由于你意识到你本可以获得 5% 的收益率，那么从这个看上去不错的投资计划中能获得 4% 的收益率就相当于打了个折。

门槛率

门槛率可以理解为风险投资基金能够接受的最低回报率。这意味着门槛率是考虑接受一个投资项目的最低标准。

知道每个风险投资基金的门槛率是多少非常重要。如果你已经知道风险投资基金所期望的内部回报率，那么你的商业计划中所展示出的现金流回报率就应该等于或者高于这个内部回报率。你可以从成功退出的例子中大致了解到一家风险投资基金公司的门槛率。

理论上，风险投资基金只会投资给那些内部回报率高于风险投资投入资本成本的项目。投资资本的来源有以下两类。

- 一是负债，即银行贷款。在这种情况下，资本成本就是银行收取的贷款利率。
- 二是所有者权益，即持股人投入的资金。从持股人那里获得资金也是有成本的。举例来说，你需要给持股人分发红利，不然的话，没有人会愿意持有你们公司的股份。如果红利为 8%，那么所有者权益的成本就是 8%。

为什么会存在两种不同的成本？作为创业者，为什么不能直接挑选融资成本低的创业投资基金呢？如果银行的贷款利率是 5%，而所有者权益的成本是 9%，那为什么不全部在银行贷款呢？

对于那些刚刚起步的创业者来说，这些问题的答案很简单，那就是因为银行不愿意贷很多款给那些没有任何经营业绩的企业，银行不愿意承担由于创业者破产、贷款无法收回而产生的风险。因此，创业者和创业公司只好同时寻求第二类投资资本的资金帮助。

不仅如此，风险投资基金还会考虑其他可能产生的成本，比如管理费用。向合作方支付的管理费用通常相当于投资资金的 2%，这 2% 包含工资、运营成本等。

如果将这些成本考虑在内，就不难理解为什么内部回报率的门槛看上去总是那么高了。总体说来：

- 最好的创业企业的内部回报率会超过 100%；
- 表现靠前的创业企业的内部回报率会超过 30%；
- 最一般的创业企业的内部回报率为 10% 或者以下。

现在你已对风投的标准有了一定的认识，如果你公司的内部回报率只是 10% 或者更低，那么就别高兴得太早了。对你来说，这个收益率可能看上去很高，但是对于一家风险投资基金公司来说，10% 可能远远不够。因此，如果你的商业计划书中的预期内部回报率确实只有 10% 或者更低的话，那么请再好好想想你的计划，然后拿一个更好的计划出来。

还有哪些因素会决定内部回报率？为什么有些风险投资基金的内部回报率门槛比较低？要回答这些问题，我们就需要了解风险投资基金的非财务动机。

非财务动机

钱并不是唯一需要考虑的因素。在风险投资基金的决策过程中，还有其他因素起着重要作用。那么促使一个风险投资基金选择投资你的项目的非财务因素有哪些呢？

让我们先看看下面这些事实，它们是否会让你觉得有些不可思议呢？很多奢侈品品牌在像马来西亚的双子塔（KLCC）或者新加坡的爱雍·乌节（Ion Orchard）这类的高端购物中心都开有很大的零售店面，这些店面大都坐落在最顶级的位置，支付天价租金。有趣的是，当其他店面（比如餐厅）都在门庭若市之际，这些奢侈品店却在大部分时间里都冷冷清清。奢侈品店里销售的产品价格都很高，只有社会上的一小部分人才能买得起。

问题是，既然这些奢侈品零售店可能做不到每个月都盈利，那么它们为什么没有关门大吉呢？这个问题的答案是，这些店面的存在并不完全是为了盈利。对于很多奢侈品品牌来说，在高端购物中心拥有零售店面是维护其品牌形象的一种方式，更是一种重要的广告形式。这些品牌之所以愿意这样做的原因是保持品牌形象对它们来说十分重要。而这些零售店面能否盈利并没有那么重要，因为很多有钱人是直接向品牌供应商订货的。

按照同样的逻辑，让我们观察一下风险投资基金的四类主要出资人，分析一下他们各自的非财务动机：

- 政府；
- 养老金基金；
- 高净值人群；
- 跨国公司。

这就和踢足球一样，如果你知道球门在哪里，你就知道该朝哪里射门了，如果你知道朝哪儿射门，你就很有可能射中得分。

政府

几乎所有处于萌芽期的企业都愿意争取来自政府直接或者间接的投资和支持。这是为什么呢？作为大部分国家的最高权力机构，政府的特许具有巨大的无形价值。如果你的创业公司拥有政府的支持，那就意味着你的公司有着巨大的发展潜力。有了政府在申请执照等行政审批过程中的支持，你的公司也更容易获得成功。

该如何获得政府的支持呢？这有点儿像约会，我们同样也需要知道什么能够打动它们。通常，政府部门更加关注的是以下财务报表上收益指标以外的东西。

- **创造就业**。你的公司能够创造多少就业岗位？这些岗位是高收入岗位吗？你的公司有能力提高市民的生活水平和购买力吗？
- **技术转化**。你的创业公司是否独立拥有行业尖端技术？如果拥有尖端技术并且希望在某个国家拓展业务，那么你就可以以此为优势条件，来获得具有该国政府背景支持的风险投资基金的特殊优惠待遇。
- **教育机会**。你的创业项目可能并不会创造很多就业机会，但是这个项目是否能够给员工创造受教育的机会？你的员工能否获得对他们未来职业规划有所帮助的相关职业资格认证？
- **社会效益**。你的创业项目是否能够解决某些社会问题？例如，你的创业项目是否能够帮助政府缓解环境污染问题？

以上这些都是政府风险投资基金所考虑的非财务因素。有些看起来很像社会企业，从某种意义上讲的确如此。政府需要对民众负责，所以政府决策必须能对造福广大民众产生积极的影响。那么，你怎样才能得知政府的投资动机呢？下面是一些简单的方法。

- 关注最新的政府预算讲话；
- 关注政府部门的各种公告；
- 在政府开放日与当地政府官员沟通，了解政府的主要政策动向。

养老金基金

有些政府会将养老金基金投资到不同的金融机构中，其中就可能包括风险投资基金。但是，养老金基金的一个重要特性就是大部分养老金基金都是风险厌恶的（尽管有一部分养老金基金投资策略也比较激进）。管理整个国家的公共资金是一项重大的责任，养老金基金不可能承担巨大的投资风险也是可以理解的。

那意味着什么呢？如果你的目标是获得有政府背景的养老金基金的投资，那么请确定你的创业项目是不是高风险项目。如果是高风险技术创业项目，那么你就该想办法寻找别的融资途径。

高净值人群

几位高净值个人出资组成一家风险投资基金公司，就像超级天使投资。这些高净值投资者的个人喜好可能千差万别。有些人的投资目的可能非常特别，比如，他们把被资助的创业者当作自己的徒弟，希望能够在创业过程中给予他们指点。在这种情况下，如果你能够赢得他们的喜爱，那么无疑你将获得他们的资助。但是，与这类投资人打交道的时候，有很多需要注意的地方。

- **资金实力**。高净值投资者的个人经济状况在投资的第一年和第五年可能会有很大的差别，特别是在经历了大幅资产缩减的情况下。除非高净值人群的资金实力极其雄厚，否则他们可以提供的投资将十分有限。
- **团队架构**。超级天使基金的管理团队架构可能不如其他基金完善。大部分传统风险投资基金拥有分析师团队来分析数据、研判商业计划以及构建决策机制。超级天使基金可能并没有这种机制。他们可能只是一群把财富放到一个资金池用来投资的有钱人。你需要调查一下这些高净值个人，以确定他们的兴趣所在和过往的职业经历。而且，如果你想知道他们是如何做决策的，那么就需要花时间和这些超级天使基金投资人沟通感情，以建立良好的个人关系。

跨国公司

跨国公司也有非财务的投资动机，这可能让人感到意外，但道理很简单，跨国公司最终的目的是取得经济效益，但是取得经济效益的途径并不总是体现在财务报表上。跨国公司投资创业项目的非财务动机可能有以下几种。

- **产品互补**。跨国公司总是在不断追求更大的效益，而投资与该公司产品互补的创业项目则会有助于创造更大的效益。例如，一个由超市行业的跨国企业成立的风险投资基金可能会对提供在线百货商店解决方案的创业公司更感兴趣；相比之下，某一教育产业创业公司可能并不能吸引它们太多的投资兴趣。就算这个教育产业创业公司的内部回报率要比那个提供在线百货商店解决方案的创业公司高一倍，这个跨国企业风险投资基金的选择也是一样的。为什么会这样？这是因为，一家具有互补性产品的创业公司能够带来的间接内部回报率可能要比其他创业公司高得多。

- **供应链整合**。按照这个思路，某些跨国公司也会寻找那些可以融入其供应链的创业企业。例如，新加坡传媒（Singapore press holdings）是出版界的一家企业，他们收购了其他小型公司，比如新加坡汽车交易网 (Singapore Car Mart) 以扩充公司的出版内容。你可以在跨国公司的年报中获得相关的信息，而且这方面的信息通常还很具体。新闻报道和跨国公司网站对获取相关信息同样很有帮助。

其他需要考虑和调查的方面

如果你刚刚开始着手寻求风险投资，那么你可以通过创业投资基金的网站更好地了解他们的投资动机。在选择风险投资时，你可能需要考虑以下方面。

- **行业信息**。请确认你感兴趣的风险投资基金是否会投资你公司的业务领域。相对于那些投资方向十分多元化的风险投资基金，某些风险投资基金仅专注于某些特定的行业。如果他们并不做你们公司那个行业的投资，那么就忽略，别浪费自己的时间。
- **地理位置**。这很关键。风险投资基金可能会要求你的物理距离不要太远，这几乎意味着你只能向本国的风险投资基金申请投资。风险投资基金向你的创业项目下了赌注，他们自然希望能够全面掌握你的动向，因此需要你离他们近一点儿。
- **资金和分支机构**。你要记住天使投资人可能没有大型跨国公司的投资基金那么强大的财务支持能力。如果你的合作伙伴仅仅是一个单独的天使投资人，他能否在你的整个创业期间，比如 10 年内持续向项目提供资金支持是无法确定的。你需要的资源不仅仅局限于金钱方面的支持，强大的分支机构网络也极有价值，可以帮助你的创业公司打入其他市场，这也是获取更高盈利回报的关键途径。当然，天使投资人也有可能拥有比跨国公司更好的拓展业务的资源。例如，如果在你创业的这个行业内，你的天使投资人的职业生涯非常成功，那么他就有可能在扩大你的业务基础方面给予你很大的帮助。

• **投资阶段**。这个投资人正处在投资初期还是投资末期？如果你的业务刚刚起步，公司还没有任何营业收入，那么你只能选择那些处于投资初期的投资人。这个道理虽然显而易见，但是很多创业者的确在试图敲开风险投资基金的大门方面浪费了很多的时间，即使他们的项目完全不适合这些风险投资基金。明智地选择目标并且集中精力于一点，对创业项目的起步会大有裨益。

甜点

如果我不好好了解投资基金的动机会怎么样？所有的风险投资人难道不都是希望挣钱的吗？那我花在这些额外调查上的时间不就是一种浪费吗？这些消极的想法会直接导致你的失败。下面就讲一个行业里真实的故事来告诉你为什么这么说。

案例分析：狗狗吠错了树

我想见心贴心（Heart2Heart）团队很久了。他们是一家美国公司，在医疗技术特别是心脏支架领域相当专业。我们通过电话和电邮沟通了两个月，他们简直棒极了。这家公司拥有世界级的团队，每个成员都拥有丰富的经验，也都是医疗技术产品销售领域的顶级专家。

我很喜欢这家公司，并不仅仅是因为他们的财务报表。我一直和他们的首席执行官乔治联系，我非常欣赏这个人。他对新加坡的文化很尊重，问了我许多很深刻的问题。我从他那里学到了很多美国医疗技术市场的知识。我也想知道既然他们在美国市场已经取得了骄人成绩，为什么还需要我们的风险投资呢。根据他的从业经历，要想获得一个对医药科技行业感兴趣的天使投资人的投资，简直易如反掌。

“你的财务报表数据非常好，你们的团队也很优秀，”有一天我对他说，“告诉我，乔治，为什么要找我们？”

“我很喜欢你这个人，所以实话告诉你吧，”乔治回答道，“在亚洲市场，我需要你们的帮助，如果没有你们政府的协助，我们恐怕就没办法做成这件事了。”

“就这么简单？”我问。

“就这么简单。”他答道。

这并不意外。很多创业者找我们恰恰都是因为这个原因。所以我们邀请心贴心公司来新加坡，并安排他们向投资基金的高层管理人员介绍他们的公司。他们立即抓住了这个机会，我们周一向他们发出邀请，他们回复周二就可以到场。“这么快？”我问。

“什么时候方便都可以。”乔治热切地答道。

我欣赏他，他总是如此地投入，非常善于沟通。最重要的是，他虽然已经取得了不俗的成绩，却一点儿也不骄傲自满。我很期待见见他和他的团队，我们这里的其他人也是。12 点 15 分，我收到了乔治的短信，告诉我他和他的团队已经到了。我和我们团队的成员以及几个政府官员前往会谈地点，路上我给他们简单介绍了乔治的项目。你都能感觉到空气中弥漫的兴奋情绪，就像电流通过每个人，发出热烈的嗞嗞声。我们在车上翻看了乔治的项目建议书，惊讶于它的详尽和专业程度。我们迫不及待地要赶紧见到他。

到达目的地后，服务员熟练地把我们引到包间，就像已经练习了无数遍似的。乔治和其他三个美国人正坐在这个安静的包间里。他比照片里显得要高一些，我们结结实实地握了握手。

“很高兴认识你。”他说。他大概三十来岁，眼角已经有了皱纹，但是他精力旺盛得就像二十刚出头的小伙子。

“你们什么时候到的？”我问。

“哦，我们早上 7 点就到了。”他答道。

“昨天？”

“不是，今天！”

“什么？”我惊讶地说，“那你们肯定很疲倦了！有没有休息一下啊？”

“没有，我把行李扔在酒店就赶来了，我不想迟到。”乔治爽朗地笑了下，看上去一点儿都不累。

“但是，”我打断他，“现在是你们的午夜时间啊。有没有时差反应？”

“这次会见对我来说十分重要。”乔治诚恳地看着我说道。

如果不是已经知道了，我肯定看不出他刚刚乘红眼航班过来正在倒时差。乔治浓密的棕色头发梳理得清清爽爽，西装笔挺的就像刚刚从洗衣店取回来的一样。他精力十足，连个哈欠都没打，完全看不出一丝疲倦。他状态极佳。

整个午餐时间，他给我们绘声绘色地讲述了是如何把心贴心公司打造成现在这个样子的。他谈到自己如何奋斗，如何应对挑战，给我们分析了他将用何种策略适应新加坡的市场，他对这个策略的成功很有信心。他做了所有的准备工作，他经历了一个创业者可能遇到的所有困难。现在，他想要的就是我们从中获益，作为我们对他帮助的回报。

我和我的同事们高高兴兴地回到了办公室。我们对乔治在新加坡大展宏图的能力很有信心。我相信所有的人都愿意给资助他的项目投赞成票。但是当我们坐在会议室，认真审阅他的商业计划时，意想不到的事情发生了。

“我认为这家公司很优秀，”一个政府官员 Teoh 说道，“但是，我不确定乔治的项目能给我们国家带来多大的好处。”

“是的，”另一个高级官员 Trian 说，“和我们上周见过的健康保障（Heal Wealth）相比，他们并不具有竞争力。健康保障提出可以为新加坡 300 位研究人员提供培训，并且已经和当地的大学合作，为优秀的毕业生提供就业机会。”

随着讨论的深入，大家越来越担忧乔治的项目能否使新加坡国民获益。

尽管他的竞争者们没有他这么出色，但是他们至少都已经把自己的商业项目融入到新加坡政府的投资计划中了。

我感到很无奈，我看好乔治的商业计划。我相信如果他明白风险投资基金的衡量标准之一就是能否使新加坡国民获益的话，那他肯定会在自己的商业计划中谈到这一点。但现在为时已晚，对他的商业计划的评估已经完成，评估小组认为投资给并不那么出色但是社会效益更高的创业公司是一个更好的选择。这是为了国家的利益，这是我们的义务。

因为这么长时间以来，一直都是我在和乔治沟通，所以公司安排我来通知他这个坏消息。我几次想打给他，但都放弃了，直到他拨通了我的电话询问进展如何。

“唔，”我觉得自己喉咙发紧。过去的几周我们已经成为朋友了，我感觉自己像是要去打碎他的梦想，“对不起，乔治，你的公司没能通过。”

“什么？不好意思，你说什么？”

我听到他的声音低沉下去，他沉默了，这不像他。以前他从未表现出自己的失望和脆弱。

“我不明白，”他说，“我觉得一切都很完美，我以为你很欣赏我们的业务。”

“我是很欣赏，”我恳切地说道，“但是我们的基金很重视所投资的项目能够给这个国家带来什么好处。很遗憾，其他公司能够为新加坡国民创造更多的福利。虽然我们很看好你的公司，但是我们有自己的职责所在，没办法选择你们的项目。”

“但是我本可以把相关内容包含在计划书里，”乔治坚持道，“还能再给我一次机会吗？”

“这一轮评估已经结束了，”我说，“真的非常抱歉！希望下一次还有机会，以后你得强调你的项目如何使这个国家受益，而不仅仅是强调财务上的收益。”

“请再给我一次机会吧！”乔治请求道，“我们为这次商业计划已经投入数百万美元了。我们做了这么多的努力。”

“对不起，”我反复说着，感觉像是自己在捶自己的肚子，“明年请再试试吧！”

刹那间，我把他的梦想和希望摔得粉碎。除了一个没什么希望的“明年再来”的建议，我什么也给不了他。医疗科技行业的形势瞬息万变，今天你的产品很抢手，明天可能就不是这样了。如此说来，这对乔治来说是个多么大的打击啊！

故事寓意

一定要让你的商业计划符合评审的口味。如果做不到这一点，再优秀的数据展示和人脉关系也帮不了你。

VENTURE CAPITAL

How to Raise Funds for Your Business

第3章

如何提高被风投选中的概率

前菜

在成为创业者之前，你需要考虑哪些问题？怎样做才能增加被一个风险投资基金选中的概率？

• 在做任何事情前，创业者中的赢家都会认真思考策略。他会坐下来问自己三个关键问题：该如何建设一支创业队伍？如何理性而稳健地评估市场状况？希望在投资人那里获得什么？自己准备分出多少股份给投资人？这些问题让赢家夜不能寐，但是他会仔仔细细地思考每一个问题。当他遇到风险投资基金经理时，他会因为准备充分而确保自己能够获得融资。

• 创业者中的"中等生"比那些失败者更努力，也做了很多关键步骤，比如组建团队、调查市场以及创建财务模型。但是他组建的团队水平一般，他的市场调查并不准确，而他的财务模型可能也都无法确定在公司运行的第一年中到底需要多少融资。所以，他申请的每个风险投资都被拒绝了。

• 创业者中的失败者莽莽撞撞闯入大家的视野中，认为自己有足够的实力立即获得投资。但是还没等他反应过来，就已经被拒之门外了。最糟糕的是，他完全不知道问题到底出在哪儿，并且一再重复相同的错误。他永远无法成为一个可以给公司带来效益的创业者。

在本章中，我们将解答每一位创业者在开展业务之前都应该问自己的问题。这里我们强调“每一位”，我们的确是想说“每一位”，包括那些规模很大的公司。更重要的是，我们将告诉你如何回答这些问题，以保证你为创业做好全部的基础工作。

我们会使用一个英文首字母缩略词“TMI”，这个词通常的意思是“信息过量”（too much information，TMI）。对一般人来说，这可能算是“信息过量”的情况，对于创业者来说可能还远远不够。你掌握的信息越多（当然是和创业相关的信息），那么你获得成功的机会就越大。那么到底什么是每个创业者需要掌握的TMI呢？

- **团队**。如何创建这样一个团队：即使在压力越来越大的情况下仍然能够不负期望？
- **市场**。如何选择最有吸引力的市场？要选择市场规模大的还是小的？竞争强的还是弱的？
- **投资人**。首先考虑为何要融资？你希望得到哪种类型的资金支持？哪一个风险投资基金能够帮助你达到预期的目标？

主菜

团队

组建一支合适的团队对于创业项目的运行有着很重要的意义。事实上，这可能是投资人筛选项目阶段一个最重要的考虑因素。很多人认为财务数据才是最关键的，或者有可能是产品，但是很少有人意识到团队才是创业最关键的因素。在现实中，风险投资基金会抛开其他因素，把团队放在最重要的位置上来权衡，这是为什么呢？

- **市场是变化的，创业者必须有很强的适应能力**。消费者对产品的兴趣在不断变化，新的竞争者不断涌入，宏观经济形势瞬息万变，这一切都决定了市场是变化多端的。黑莓五年前还曾是市场占有率最大的手机厂商，而如今却为在市场上存活苦苦挣扎。风险投资人见惯了这种情况，所以很注重创业者应对市场变化以及适应市场条件的能力。

- **产品可能会改变**。即便创业者对产品研发投入了大量精力，他们的产品还是可能需要做出各种调整。风险投资人可能对产品和市场有更深入的认识和了解。他们把最新的信息传导给创业者，由创业者对产品作出调整，直至完美。所以，在投资人与创业者信息传递的过程中，能否有效接收到建设性的意见并且将其转化成不断完善的产品，是创业者需要具备的一项重要能力。

很多创业者没有建立起一支强有力的队伍。他们可能吸纳的是那些对创业很有兴趣的密友或者合作人。这就导致了灾难的发生，因为毕竟友谊和生意完全是两码事。我们看到过很多基于友谊的创业队伍由于压力增大而分崩离析。那么，当选择队友的时候，你该牢记哪些信条？

- **共同的理念**。每个人的目标都要与团队共同的目标一致，这一点很重要。如果大家的理念有原则上的分歧，那么将导致整个团队乃至整个公司在后续阶段的解体。
- **忠诚度**。风险管理基金将一笔巨额资金投资给你的团队，有时候数额可能达到数百万元。他们相信你能够让项目正常运行，在未来创造可观的收益。如果他们无法相信你能够很好地利用这笔投资，他们就不再给予你任何信任了。所以，你必须令投资人确信你的工作原则和职业道德。
- **过往业绩**。风险投资基金很注重个人简历。他们希望看到切实的过往业绩，如果是相关领域的就更好了。在知名公司的从业经历，比如那些财富五百强企业，就会很吸引眼球。
- **市场营销能力**。既然团队刚刚起步，市场营销对于树立品牌形象就十分重要。没有市场营销，关于产品的一切都是妄谈，因为客户根本不会知道产品的存在，更别提试用或者购买了。很多公司通过出色的广告营销轻易弥补了自身产品与竞争产品在同质性和可替代性上的劣势。举例来说，百事可乐公司的产品与可口可乐公司的几乎一模一样，但是他们经常邀请像贝克汉姆这样的名人为产品代言，因此建立了非常坚实的客户基础。
- **产品开发**。当然，你也必须拥有好的产品。你在商业计划里面提到的产品可能不是最终的版本，所以得到投资以后需要进一步的研究和分析，这也会带来更多的反复和修正。如果你身处更新换代很快的行业中，比如科技行业，那么拥有随时根据市场趋势持续开发产品的能力将非常重要。

很多人没有意识到风险投资基金会在何种程度上评估你的团队。他们会经过数轮的评估，不仅仅看简历，还要看相关的推荐意见。风险投资人知道你精心挑选的推荐人都会帮你说好话，所以他们会再深入一层，通过你的推荐人去寻找另外可以提供参考意见的人，征求他们对你的看法。这是怎么实现的呢?

假设你把简·琼列为推荐人，基金管理人会打电话给她，向她询问你的情况。当对话即将结束时，基金管理人会问简是否还认识曾经跟你工作过的其他人。“唔,”简·琼也许会说，“我倒是认识他之前的助理。”

“太好了,”基金管理人会说，“是下属也没关系，我很想和他之前的助理聊一聊。”

你可能根本不知道这个基金管理人打给了谁或者和谁谈到了你。随着他不断沿着推荐人链条走下去，对你的评价就越来越客观了。如果你过往的职业生涯里有任何瑕疵，那么几乎可以肯定，基金管理人会揪住不放。那么你该做些什么来保证你的推荐人链条不会出现问题呢?

- **对每个人都要友善**。你不知道谁将来会成为你的合作伙伴、顶头上司或者申请风险投资时基金管理人要谈话的推荐人。平时不要无谓地冒犯别人。做一个友善的人会有回报的，而且你也需要培养自己良好的社交技能。
- **做人要真诚**。如果你试图掩盖自己不光彩的过往，那么风险投资人肯定会知道这些。如果你试图粉饰数据，他们也肯定会发现。最好的办法是做好功课，保证以前的弱点不会影响你的未来。
- **选择优秀的团队**。你可能是一个完美的首席执行官，但是如果团队不配合，你的创业项目也必然会走下坡路。有时候，粉碎一个梦想只需要一步错棋。所以，你需要明智地选择团队成员，不要只选择手头的那些朋友们。要依据每个成员的独特优势来选择是否让他加入团队。

而且，当你创建团队的时候，一定要考虑到以下几个方面。

• **团队规模**。公司创始人越多，创业初期要养活的人就越多。但是如果人太少，又没有足够的人手。大体上讲，人数应该是个奇数，比如三个创始人，因为需要投票决议的时候总是会选出一个结果。

• **必要的技能组合**。你的团队成员是否拥有出色的过往业绩和优秀的执行力？他们能否为你的产品做好市场营销以保证公司初期有足够好的市场表现。

• **能力大于友情**。能和团队成员保持良好的关系十分重要，但这并不意味着你只能选择你的朋友作为伙伴。如果你没有能力超群的朋友，那么试着加入一些兴趣小组或者创业者俱乐部，在那里找一找合适的人选。你也可能会在大学校友里寻觅到好的团队成员，即使上学的时候你可能根本没和他说过话。

市场规模

接下来，你必须拥有分析和评估市场的能力。这是产品研发和申请融资之前需要进行的重要步骤。为什么重要？这要归结于风险投资基金具有风险偏好的投资策略，风险投资基金通常需要实现 10 到 20 倍的收益，任何低于这个收益的项目，对他们来说都是浪费时间。

对于一个创业项目，他们通常的投资额会在 100 万到 1 000 万元之间。不难计算，假设他们计划投资 1 000 万元，预期收益为 20 倍的话，那他们的预计盈利应该为 2 亿元。

除非市场规模足够大，否则怎么可能实现这么高的收益呢？如果你去见风险投资人，和他们说市场规模是 5 000 万元，他们是不会被打动的。5 000 万元的规模对于创业者来说可能已经很大了，但是你要记住风险投资人对市场规模有他们自己的目标和预期。

所以如果你有能力获取 20% 的市场占有率，而你希望实现 2 亿元的收益，那么你就需要一个至少规模为 10 亿元的市场。小于这个规模，你就得考虑进入另外一个市场了。

这就是为什么只有极少数的创业项目能够成功获得风险投资基金的原因，如果他们没有开拓海外市场的计划，而你只想专注于新加坡本土市场的话，那你可能永远达不到风险投资基金对市场规模的要求。风险投资基金通常愿意看到开拓海外市场的计划，除非你的创业项目立足于中国或者印度这样已经足够大的市场中。

既然市场规模的重要性已经阐述清楚了，那么具体该如何评估和预测市场规模呢？又有哪些常用的经过实践检验的方法呢？你可以通过以下途径来了解你的创业项目所处的行业市场规模。

- **商业报告**。许多网站如 Factive、Business Insider、Business Monitor 和 Euromonitor 都提供了大量的有用信息。你可以找到行业报告，从中了解到关于市场规模的信息。这种方法的唯一缺点是这些信息来源可能会很贵。如果你是初创企业，可能没有获得这些资源的途径。
- **报纸文章**。报道商业新闻的报纸文章会提及某种特定商品的市场规模。这种获取信息的方法虽说是免费的，但是可能不及商业报告那么详细。比如，你可能无法详细了解到报纸文章具体是通过什么样的方法来估计出市场规模的。
- **竞争者的年报**。你也可以使用竞争者的年报，如果他们恰好是上市公司，那么你可以直接在网上找到这些年报。举例来说，在某些行业，比如电信通信行业里只有少数几个参与者。你可以看看新加坡电信 (SingTel)、StarHub 以及 M1 的营业额，你把他们的营业额加总，就可以大概了解电信通信行业的规模了。
- **刺探商业信息**。如果你想进入一个行业，而这个行业的大部分参与者都没有公开的年报，那么你可能就需要考虑刺探商业信息这个方法了。这个方法很简单，就是你作为潜在客户去找这些参与者了解他们的经营信息。举例来说，如果你想开一家美容沙龙，你就直接去其他美容沙龙。如果你想打探出一些商业信息，那最好的方法就是试试他们的服务，和那里的员工搞好关系，然后再问诸如“最近生意怎么样？”“周围这么多美容沙龙，生意肯定不好做吧？”“每个月能有多少客户光顾？一般他们都花多少钱？”“你们比某某沙龙好在哪儿呢？哪家是你们的主要竞争者？”等问题。

你可能需要综合运用上述方法来估计你的市场规模。每个方法都有其优点和缺点。比如刺探商业信息，可能无法提供准确的数字，但是可以为你提供最接地气的行业近况以及市场经营情况。年报的信息很具体，但是如果在你研究的市场中上市公司很少甚至没有，那这种方法就失效了。商业报告很好，但是也很贵。报纸文章通常是免费的，却又不够全面。

创业者经常声称市场规模预测对他们来说没有用，因为他们试图进入的是一个没有竞争者的市场，一个没有标杆和前辈的市场是无法预估市场的规模的。事实上，这是一个很大的误区，而且它会成为一个提示潜在风险投资人的信号，提示你可能不是一个好的投资对象。

“告诉你吧，”一个创业者会说，“我是这个市场的先行者，这个行业里没有别人了。”

“那么，这个对我来说意味着什么呢？”风险投资人问道。

“这意味着，”创业者不耐烦地继续说，“我们的市场占有率是 100%。我们能够获得全部的利润。最重要的是，我的公司会扮演垄断者的角色，你们会在我的成功中获益。”

“好吧，我知道了。”风险投资人说。风险投资人并没有说，这个创业者已经没有机会了。在风险投资人的眼中，没有竞争者是一个非常不好的想法。很多人认为这对创业是好事，但是这仅仅意味着你的目标市场没有大到能够吸引其他任何人来参与。如果连感兴趣的人都没有，这对市场来说可不是一个好的信号。

第二个原因很明显，可能你更聪明，发现了别人都没有发现的市场。但前提是你得像乔布斯一样既经验老到又才华横溢，这种情况是很少发生的。正因为如此，风险投资人不相信零竞争的存在。他们不希望看到激烈竞争，比如，要想试图撼动可口可乐和百事可乐的碳酸饮料市场是不明智的，但是要进入一个别人都不感兴趣的市场也是很愚蠢的。

投资人

最后，你必须知道你的目标是什么以及你为什么要寻求投资。很多创业者并不清楚也没办法好好描述自己的创业目标。他们直接跟随着潮流进入到寻求投资的流程中来，认为有风险投资总是一件好事，但是这并不完全是对的。

首先，在很多情况下并不是钱的问题。关系网和分支机构也很重要，因为这些最终会帮助你扩展业务、实现更多的营业额。你在投资人那里希望得到的其他无形收益包括技能和经验。你是否需要一个拥有财务管理经验的投资人？你是否希望在风险投资人现有的投资组合中存在你可以合作的公司？

其次，在很多情况下也不是名声的问题。即便你得到了风险投资基金的投资，也是要付出成本的。你得放弃公司的一部分股份，也就是说，放弃公司的一部分控制权。如果不谨慎行事，你可能会失去全部的控制权。

所以，你得好好想想自己到底为什么要寻求风险投资。如果不知道从何做起，那就试试看你能否充满自信地完成下面的创业者快速评估？如果你无法回答这些问题，那可能是因为你还没有很好地对自己的商业计划进行全面考虑，所以现在是时候退回去从头开始了。如果可以回答这些问题，那么你就可以进入下一章，好好制订下一步的计划。

创业者快速自我评估

团队

- 你的创业项目想要成功，最需要的技能是什么？
- 你能否在团队成员中找到拥有相关技能的人？
- 你的团队成员是否有出色的从业履历？
- 你的团队成员是否正直可靠？

市场规模

- 你的目标市场规模预计有多大？
- 这个行业中的主要参与者都有谁？他们的年销售额是多少？
- 你提供的产品或服务的目标客户基础有多大？
- 你提供的产品的行业标准价格范围是多少？

甜点

只靠友情就足够维护一个团队的完整性吗？你要记住，创业可不是在一起开开派对玩耍玩耍那么简单。创业时，需要共同承担压力、克服困难。你的团队弱，你的公司就弱。下面讲一个故事，让我们看看一个脆弱的团队是如何最终在压力面前崩溃的。

案例分析：重压下的 CEO

在 Stream Unlimited 公司刚开始得到风险投资基金支持的时候，我就已经开始监管这家公司了。这是一家很有前途的初创企业。在其创业的背后还有一个动人的故事：几个在大学里就相识的好朋友根据他们的毕业设计，生产出了一个可以投入市场的产品，他们创造了可以让用户在任何连接质量的 3G 网络中都能无间断地收看视频、收听音乐的方法。

这是一个天才的想法，非常适合电信行业。随着智能手机用户数量的不断增加，人们越来越多地使用这些手机收看视频、收听音乐。如果能在这个领域为用户提供如此出众的服务，那他们可以称得上创业者中的赢家了。

事实的确如此，在我们刚开始帮助 Stream Unlimited 公司联络一些大型的电信集团公司时就获得了热烈响应，这些公司都承诺会提供支持，愿意帮助 Stream Unlimited 公司发展得更好。

所以我们投资了 Stream Unlimited 公司，获得了董事会中的三个席位。首席执行官的名字叫艾达（Aida），很年轻，与另外两个创始人布兰登（Brandon）和黛西（Daisy）关系非常好。虽然理论上他们算是同事，但是他们在大学里面建立的友谊依然坚如磐石，他们几乎做什么事情都在一起，这有点让人难以置信。他们每周至少 2 ~ 3 次要在一起吃午餐。周末，他们也会一道去办公室埋头工作。没工作的时候，他们就把家人聚在一起出去玩。公司所有人权益也是平均分配的，完全没有任何内部矛盾的迹象。

团队运转得非常正常。第一年，他们做得特别好。他们恰恰在最好的时机进入了市场，每个人都在购买更多的智能手机，连上学的小孩子也开始用智能手机了，市场规模快速增长。由于在专业领域做得十分出色，所以他们轻而易举地迅速占有了大部分的市场份额。

但是新加坡本土市场规模还是不够大。首席执行官艾达决定开始扩展海外市场。每个人都嗨翻了天。Stream Unlimited 公司越做越大，看上去此时投资再适合不过。尽管成本很高，艾达及其团队依然投资了好几个海外办事处，并在这些新的分支机构上投入很大一部分时间和精力。布兰登被选中负责海外业务拓展，而艾达和黛西一直都很积极地给予他帮助。

在此之前，Stream Unlimited 公司的经营一直顺风顺水，盈利可观。但是现在，他们遇到很大的麻烦，海外分支机构的表现不尽如人意。一个月又一个月过去了，我们眼睁睁看着公司挣扎着保持盈亏平衡，离盈利越来越远。这太令人担忧了。我和艾达以及她的团队开了几次会议讨论海外分支机构的不良业绩。她看上去倒不怎么着急，“别担心，这是公司刚刚起步时都会遇到的问题，”她安慰我说，“再给几周时间，我相信我们的员工会想办法解决的。”

她是一位非常能干的女性，她的毕业成绩在班级里面名列前茅。她不仅聪明绝顶，还善于团结创业团队的成员。她的声音十分笃定，海外机构一直亏损没有任何好转迹象并没有令她动摇。不仅如此，在马来西亚和泰国分公司表现不佳的情况下，她仍旧还想开拓中国市场。

“为什么还要继续扩张而不是好好关注现有的问题？”我问道。

“打入中国市场能够树立品牌形象，进而帮助我们其他海外分公司的业务。”艾达回答道。

“这样风险会很大。”我说。

“生意场上总是有风险的。”艾达淡定地回答道。她对自己的想法坚定不移。

话虽如此，但事实却并非如此。在风险投资领域，我学到了永远不要用表面价值来衡量一件东西。尽管我们同意再给艾达一些时间来扭转局面，但我还是觉得要进一步调查一下事情的真正状况。由于创业者总是被迫向投资人报喜不报忧，事情经常并没有其描述得那么美好。这是一个极其微妙且乏味的过程。我从和另外两个创始人分别谈话开始着手。这样做有个好处，因为人们在没有老板和同事在场的情况下往往能够更加诚恳和直接地表达自己的看法。

从和布兰登以及黛西的谈话中，我发现一个有趣的情况，他俩都非常支持公司扩张，而且认为艾达的决策是正确的。但是到了谈话的最后，他们都开始对艾达有了微词。

“她是一个好的首席执行官，”布兰登说，“但是她不了解马来西亚当地的情况，这就是为什么马来西亚分公司经营状况不理想的原因。”

“是吗？”我问道，期待他能进一步解释他的说法。

“是啊，”他继续说，“举例来说，她不知道当地的一些风俗，冒犯了我们一个大客户，导致他取消了合同。”

黛西的反馈和布兰登几乎一模一样：“艾达是我很好的朋友，但是她的财务知识真是少得可怜。我曾经试图纠正她，可是她不肯听。”

“为什么不听？”我问。

“我想可能是因为她在大学里面一直表现优异，所以有些自负吧，”黛西说道，“你要知道这是难免的。”

团队成员的反应令人担忧。那个几个月前我所认识的活力无限、亲密无间的团队正在压力面前逐渐分崩离析。以前我可听不到他们对彼此有那么多的负面评价。加上他们面临着不断加重的巨大压力，这可不是什么好消息。

我不得不进一步了解情况。某一天，这位首席执行官在董事会和管理层面前做宣讲展示，那时公司的海外分支机构的业绩已经糟糕到了无以为继的地步。作为董事会成员之一，我认为对于公司来说最好的决定就是关闭大部分的海外分支机构，专注经营剩下的一到两个分公司。董事会其他成员和管理层也和我想的一样。

但这对艾达来说很残酷，她成了众矢之的。她刚刚回答完一个问题，我们就把下一个问题抛给了她。她开始冒汗，我甚至能看到她的妆都开始花了。

“那么，你有什么策略能够扭转目前马来西亚市场的局面？”我问道，“就我目前掌握的信息看来，你已经亏损了一百多万了。”

“我们正在和三到四个新的客户洽谈，”艾达说，“我们已经取得他们的信任了。”

“那么之前有多少个客户取消了他们的合同呢？”我问道。

她犹豫了一下，回答道：“行业平均数吧。”

“那么你的销售额是行业平均数吗？盈利水平呢？”我问道。

追问还没有停止。作为董事会成员，我们把问题无情地抛给这位首席执行官，而她不断地挣扎着试图维护自己的观点。毕竟，确保公司在现有情况下做出最优决策是我们的责任。

“我们认为你最好放弃一些海外的分公司，”另外一个董事会成员最后说道，“如果你连最基本的事情都没有搞对，那考虑打入中国市场是根本没有意义的。”

“但是进入中国市场是我们团队策略的一部分。”艾达无力地说道，一缕缕杂乱的头发从她总是很清爽的发髻上散落下来。她眼窝深陷，看上去很委屈。我为她感到难过，但是生意就是生意。公司如果这样，是无法继续支撑下去的。

“我们是公司股东。我们要求你停止扩张。”董事会成员们继续说。

艾达虚弱地点了点头，她认输了。当我们离开会议室，她还独自坐在那里，眼神空洞地望向天空。

我以为艾达会东山再起。尝试和受挫是人生旅途的必经之路，当然也是每个首席执行官的必经之路。做一些策略调整，也许我们就能扭转败局。如果不是团队开始人心涣散，那有可能她还能做到这一点。

在那次被要求关闭部分海外分支机构的董事会会议之后，我没有预先通知就去 Stream Unlimited 公司拜访了几次。那里看上去一切正常，但是我和底层员工聊天以后，表面一派和谐的景象就开始瓦解了。他们看上去人心惶惶，就像哪里出了问题一样。

我试图询问到底怎么了，但是没有人愿意正面回答我的问题。我决心打破砂锅问到底，单独请他们吃饭，希望这样子他们就可以更舒服地和我聊一些敏感的问题。

就像我怀疑的那样，的确出了很严重的问题。在几个创始人之间开始发生了争吵。

“有一天早上，我听见艾达冲着布兰登和黛西大喊大叫，”有一个雇员告诉我，“事实上，这种情况近来常常发生。”

“他们吵什么呢？”我问道。

“我不知道，但是我觉得是布兰登和黛西认为艾达同意关闭海外公司的决定太软弱，他们想找一个能够坚持大家立场的人来做团队领导。”

“那为什么是艾达要冲着布兰登和黛西吼呢？”

“她认为他们两个没有给她足够的空间来行使首席执行官的权利，还有她也必须服从董事会的意愿。”

“那这些有没有影响公司员工的斗志呢？”

“有一点儿吧。我们不知道未来会怎样。”

这是一个坏信号。艾达在董事会和高层管理人员之间受着夹板气。董事会不信任扩张策略，而高层管理人员觉得艾达表现得太软弱。时间一个月一个月地过去了，压力越来越大。

不到6个月，管理层就崩塌了，布兰登和黛西把艾达从首席执行官的职位上罢免了，布兰登成了新的首席执行官，他们雇用一个外部人员取代了艾达在管理层的位置。但从此公司就开始走了下坡路。仅仅一个首席执行官的变动是无法弥补公司本身的内在缺陷的。不到一年的时间，公司就倒闭了。

而作为风险投资人的我们，还要继续自己的事业。

故事寓意

这个案例给我们上了关于团队协作很有价值的一课。只有在危急时刻才能检验领导者与团队的力量。领导者带领团队既能经历顺境又能度过逆境的能力十分重要。没有这种能力，美好的时光只能是一段无法持续的婚姻，这就像不牢固的茅草屋，只要一点风吹雨打就能把它吹垮。

VENTURE CAPITAL

How to Raise Funds for Your Business

第4章

抓住说服风投的“电梯游说”

前菜

创业项目的完美游说都包含哪些重要因素?你该如何使自己的项目游说引人入胜又令人难以忘怀?你该怎样做才能抢占先机获得“电梯游说”的机会?

本章不仅向你介绍著名的“电梯游说”,就像字面意思一样,如何在上下一趟电梯的时间里,将你的项目游说展示得既精炼又诱人。更重要的是,我们要教会你如何在最初就创造出“电梯游说”的机会。同时,我们要指导你如何在现有条件下做出最好的项目展示,如何根据听众的不同来个性化量身定制你的“电梯游说”,以及最终如何打开通向更多大好机会的大门。

创业者中的赢家会自己去捕捉“电梯游说”的机会。他时刻保持着对机会的敏感性,并精确地知道自己需要多长时间以及自己要说些什么。他足够了解风险投资人,能够使自己的项目展示既投其所好又显得亲切自然。最重要的是,他明白该如何留下悬念从而获得在将来用更长时间介绍自己项目的机会。

遇到“电梯游说”的机会时,创业者中的“中等生”会识别出来。但是在真正展示项目的时候，他往往会败下阵来。因为他无法说清楚为什么风险投资人或者市场会对其项目感兴趣，他的项目展示并没有说明自己的公司有什么特别之处。

对于创业者中的失败者来说，即使“电梯游说”的机会摆在他面前，他也意识不到。就算和一个风险投资基金的大老板同乘一部电梯，他也要等到老板要下电梯了才会发现这是一次机会。他可能会抓住最后一分钟试着和大老板搭话，但是根本无法留下什么印象。

简单说来，我们把完美的“电梯游说”精炼为以下三个简单的步骤。

- **准备游说材料**。你该如何准备你的“电梯游说”的核心内容，也就是说整个谈话的关键点是什么？
- **创造游说机会**。一旦有了坚实的基础，你该如何创造机会来进行你的完美“电梯游说”？
- **量身打造，一击制胜**。通常，这就是决定你能否成功的神奇要素。你该如何根据听众量身打造你的游说，从而给听众留下持久而深刻的印象？

主菜

“电梯游说”的目的十分明显，但是很多创业者错误地认为他们需要在两分钟内把公司创始之初到现在的全部情况都讲出来，这完全是一个错误的观念。“电梯游说”的目的并不是讲一个冗长的故事，而是为了让风险投资人对第二次以及随后的会面产生足够的兴趣。

在本章里，我们将告诉你如何创造那个兴趣点。你要记住，并不是说要你在两分钟里挤出多少话，而是明智而有效地通过这些话打动风险投资人，从而有兴趣和你进行下一次交谈。

准备游说材料

这么说吧，风险投资人每天都被投资申请和创业者团团围住。你想要投资？周围那些创业者们也都想要。你觉得你有一个绝妙的创意？其他人也都这么认为。只有 1% 的公司能够成功获得风险投资。这对你来说意味着什么？

首先，这意味着，如果风险投资人在评估你公司的时候没有立即被你的精彩演说所俘获，那么，对于他来说你可能就是那 99% 的失败者中的一员。

其次，这意味着，他们没有时间仔细评估你的投资建议。即使他们有，也可能只有非常少的时间。很多人之所以把这种机会称为"电梯游说"，就是因为在电影里这种场景通常都是发生在电梯里。实际上，它可以发生在任何地方，比如咖啡厅、机场。在这种情况下，你该说些什么？你该如何在 3 分钟不到的时间内说服他们？

如果不知道从何做起，那么请你用以下四个问题来建立一个基础的框架。

- **你在解决什么问题？**你要记住市场规模。大部分风险投资基金愿意看到 10 亿元以上的市场规模。你手头需要这样的信息，然后就详解问题所在。比如，你是想通过解决高峰时间交通拥堵状况来盈利？或者是你想给办公室白领提供送餐服务？
- **你是为谁解决这些问题？**你的客户是谁？对于市场规模的预估，你需要继续详细说明。你的客户群的构成与分布是怎样的？你的目标客户是公司还是消费者？
- **你为什么认为他们需要你来解决问题？**人们为什么会愿意为你的产品或者服务付钱？你要记住，风险投资人是不会对那些没有人愿意付钱购买的项目投资的。所以这个问题非常关键。谁是当前的竞争者？谈论竞争者可以用来帮助证明消费者是愿意为类似的产品买单的。
- **为什么你是解决这个问题的最佳人选（公司）？**既然你已经证明了有这么一个恰好有一定竞争又有足够盈利空间的市场存在，那么为什么你是最好的人选？你的产品有什么与众不同？你的团队有足以说服别人的过往业绩吗？你们打算运用什么策略？

你可以说说细节，要确保数据和信息就在你的手边。但是你要牢记，在我们进入第三部分“量身打造，一击制胜”之前，你一定要把它们浓缩、提取、再精炼。

创造游说机会

就算你知道了如何进行“电梯游说”，要是连个游说的机会都没有的话也无济于事。我们对许多成功的创业者进行过访谈，并且自己也曾经有过寻找风险投资的经历，这使我们意识到这些机会其实都是自己争取来的。争取机会的方式有多种，例如以下几种。

- **朋友和家人**。很多创业者都是通过个人关系来获得最初的“电梯游说”机会的。去和你的朋友或者家人聊一聊，看看他们能不能帮你联系到风险投资人，即便只是一个几分钟的机会也可以。
- **在对的时间出现在对的地方**。要是你就待在家里，那么你可没办法见到什么风险投资人，更别提有什么“电梯游说”的机会了。你要尽可能多地参加创业者的聚会，多见见干这行的人。要特别关注那些风险投资基金也会参加的会议，这些会议十分重要，因为你很有可能在那获得直接和风险投资人谈话的机会。
- **坚持不懈**。我们认识许多在寻求“电梯游说”机会上做到极致的创业者。他们中间有一些人在刚开始的时候手中的资源十分有限。他们根本无法承担频繁地参加创业者会议的费用，他们也没有足够的人际关系来让他们和风险投资人建立有效的联系。因此，他们中的有些人就在风险投资基金办公楼的停车场等着，就为了能够获得宝贵的几分钟机会。这种战术并不总是可行的，而且可能会让风险投资人感到反感。但是如果你确实没有其他的选择，那么就坚持不懈地去尝试吧，直到达到你的目的为止。

投其所好，一击制胜

现在你已经清楚了“电梯游说”的基本概念框架，也了解到了如何创造“电梯游说”的机会。接下来，就需要学习如何最终一击制胜的神奇公式了，关键是要投其所好。

要想投其所好，最关键的技巧就是要掌握一些风险投资人的信息，任何信息都可以。如果这个风险投资人很有名，那么你可能已经很了解他了。如果他并不有名，你也可以从平时的闲聊中获得一些零散的信息。这些闲聊可能会占用那么宝贵的 30 秒钟，但是绝对值得。下面这个例子告诉我们闲聊是如何帮你获得宝贵的信息的。

“您好！”创业者边走进酒店电梯边向电梯里的人打招呼。他注意到电梯里只有风险投资人一个人，但是风险投资人摆出了拒人于千里之外的架势。“您是本地人吗？”

“哦，不是的，”风险投资人回答道，“我其实是美国人，但是我现在在新加坡工作。”

“哦，是吗？我在美国上学来着。”创业者说道。

“哪里？我女儿刚刚从普林斯顿大学毕业。”

这一小段闲聊可能看上去很琐碎而且毫无意义，但是却为你下一步投其所好提供了非常宝贵的素材。你得想办法把这些素材和风险投资人联系起来，让他在你的商业计划中找到共鸣。举例来说，你的商业计划可能是为那些总是因为太忙而不得不选择吃不健康的垃圾食品的大学生提供全套餐食。那么你就可以十分自然地把谈话引到你的“电梯游说”上面：

“恭喜您！她肯定十分优秀！我想她学习一定很刻苦。我听说常青藤联盟学校的学生们连好好吃顿午餐的时间都没有。”创业者说。

“是啊，的确如此。我女儿经常是急匆匆在赛百味买个三明治就算解决午餐了。”风险投资人回答道。

“这挺可惜的，因为你其实不用费多少钱就能准备好有益健康的午餐。只不过这需要花时间去商店买原材料，又得花时间做出来。”

“是啊，她就是这么告诉我的。她说她倒是想自己做饭，但实在没有时间和精力。”

“事实上，在新加坡有几家公司就是做送餐服务的。这是一个盈利空间很大的市场，算上那些公司的白领们，规模大概有 30 亿元。但问题是，这些送餐服务企业没有建立好的网站，广告宣传做得也不行。”

“是吗？你再详细说说。”

“是这样的，我创建了一家公司，目前的销售额是200万元，我正在寻求风险投资。我们公司计划在网站上开发一个分类算法，帮助消费者更快捷、更方便地点餐。如果我们能开发成功，那么明年之内潜在的销售额可能会比现在翻一番。”

“为什么其他的公司到目前为止都没有开发出这种算法呢？”

“他们也试图开发了，但是截至目前结果都不理想。我有一个从美国麻省理工学院毕业的朋友，他曾帮助包括亚马逊在内的顶级销售公司开发过网站。他同意用相对较少的报酬来帮忙，但我还是需要投资来完成全部的开发过程以及广告宣传。”

“那不错！这是我的名片。给我发个电子邮件，我们找一天再详细探讨一下，怎么样？”

看到了吗？这可不是那种呆板的一分钟之内说出200字的“电梯游说”。它是一段对话，更重要的是，它是关于风险投资人女儿的一段对话。这是风险投资人个人也很关心的问题。你识别了一个和他有关的问题，然后你提供了解决方案、市场规模、潜在收益，以及你的公司有什么与众不同之处。你在对话的最后获得了进一步讨论你的商业计划的宝贵机会。

所以，完美的“电梯游说”只需以下几步就能达成。

- **找到共同点**。最好能够找到双方的共同之处，即便这个共同点小到你们住在同一个国家或者曾在同一家餐厅吃过饭。在这个例子中，共同点是创业者和风险投资人的女儿都在美国读过书。
- **让风险投资人告诉你问题所在**。这挺难的，但是如果利用好了就会非常好用。我们可以在这个例子里发现，创业者没有告诉风险投资人问题是什么，他只是说他听说大学生们通常没有时间买健康食品。风险投资人随后就证实了他的说法，甚至举了个例子来支持他的说法。
- **自然地引入自己的商业计划**。你上电梯不是来参加面试的，所以你也不该期待风险投资人把它当成面试。这只是两个人之间的对话，你得努力让它保持这种状态。把话题引入到关键部分，也就是你的商业计划上，这非常重要，但是你必须让这一切做得自然一些。在这个案例中，创业者从新加坡餐食配送行业的几个现状入手，随后才谈到了自己的项目。

个人魅力和掌控社交情境的能力也很重要。但是你需要注意的是你有多少时间。如果你们身在 2 楼而风险投资人在电梯里按了 5 楼，你就该知道游说的时间不超过 1 分钟。

每个人每分钟只能连续说 250 个词，这就意味着你必须在 250 个词以内搞定一切。所以你要不断练习，并且从身边的人那里获得反馈以便不断改进。

但是一定要思路开阔，如果你和风险投资人待在电梯里的时间只有 1 分钟，那么就想办法延长这 1 分钟。怎么延长？你可以装作也去相同的楼层，跟着他下电梯，以便继续你和风险投资人的对话。

甜点

人生充满不确定性。有时候，你可能会获得证明自己的机会，而有时候你却根本得不到任何机会。因此，做好充分的准备，等待机会的来临，这或许就是你唯一能够掌控的。

案例分析：搞定它

我曾经是我们基金所投资的一家公司的董事会成员之一。这家公司属于信息科技行业，专门为公司客户开发追踪记录销售团队业绩的软件。

高科技行业瞬息万变，你今天可能蒸蒸日上，明天就有可能跌入谷底。这家公司之所以受到冲击，是因为低价竞争者的出现。有关公司在销售追踪软件上赚了大钱的消息不胫而走，于是其他人纷纷跟着进入了这个行业。这个国家从来不缺天才，不久就又有一家创业企业抢走了一部分的市场份额。这家公司的销售总监威廉（William）来找我商量，但是我告诉他，这就是游戏的一部分。如果你不能持续不断地创新，那就没法生存。但是他现在能做的就是保住现有的客户，并且抓紧跟进那些还没签约的客户。毕竟，这是他作为销售总监的本分。同时，公司的产品研发应该努力保住公司在技术上的领先地位。

“我正准备跟进客户，”威廉继续说道，“一切都就绪了，就看我们的合同能否送到他们的直接上司手里并获得批准。”

“如果时间太长了，那么你可能需要直接找那个上司对他进行游说，”我建议道，“否则，你的竞争者就有可能插手进来。”

“但是我不太认识这位上司啊。”他说。

“你得设法认识他。”

在随后的几个星期里，威廉开始继续跟进他的这个合同，但是收效甚微。他甚至都开始询问合同负责人能否将他引荐给那个上司，但依然没有任何结果。不久以后，他就听到传闻，有一个竞争者也在跟进这个项目。

他真的不能失去这个项目。他为此付出了好几个月的努力，如果失去太多的市场份额，再回到行业榜首就很难了。随着公司不断受到冲击，威廉开始感到压力。我们每次见面，他的眼袋都更深了一些。

但威廉很幸运。他决定在去印度尼西亚出差的时候进机场休息室待一会儿。在几星期努力都毫无进展的情况下，连续工作了这么久都没有休息，他感到十分疲倦。他直接走向休息室并坐在舒服的皮沙发上，想歇一歇。在小憩之前，他调了手机闹钟，确保不会误了航班。在他睁开眼睛的时候，他看到一个熟悉的身影正在自助餐区域取食物。

那是谁来着？他确定自己以前见过这个人。他模糊地觉得这个人很重要。猛然间，他困意全无，站起来仔细地瞧了瞧。

凝视了一会儿，威廉意识到这个人就是合同负责人的直接上司，就是他把合同的签署拖延了好几个星期。威廉喝了杯凉水，镇静了一下。他觉得自己要兴奋得晕过去了。他和他追了好久的客户正共处一室，他该怎么做？

他想去趟洗手间收拾一下再准备一个策略，但是又担心没有足够的时间了。这个直接上司没有拿太多的食物，也就是说他可能很快就要离开了。威廉又观察了一下。他应该是一个人，这很好。该是去把一切搞定的时候了。

威廉正了正领带，深深吸了几口气。他在脑海里过了一遍公司的主要卖点以及为什么要在若干竞争者中选择他们的理由。他尽最大可能回忆了一下其他的相关情况，尽量使它们显得信手拈来。和向其他客户做的游说演说一样，他已经准备得很完美了。他只愿这次不再错过机会。

威廉看上去沉稳自信，迈步走向那人，用手轻轻拍了拍他的肩膀。“您好，麦先生，不好意思，我刚刚注意到您在这儿，就想过来跟您打个招呼。”

麦先生转过身来，惊讶地看着他说道：“威廉！真巧！”

威廉满脸堆笑地说道：“可以和您坐一会儿吗？”

“当然可以，”麦先生问道，“你要飞哪儿？”

“印度尼西亚，”威廉回答道，“我去见一个潜在客户。”

“是吗，公司已经开始扩张海外市场了？”麦先生说，“我以为你们只是立足新加坡本土呢。”

“我们已经签了好几家印度尼西亚公司了，他们都觉得我们公司的销售监控软件非常好用，因为我们提供 7 ×24 小时的全天候服务，并且能够根据客户需求设计个性化解决方案。”威廉说道，“这意味着没有哪两家公司客户使用的是完全相同的软件。在确保软件能够完全适配客户的业务之前，我们会坐下来详细了解客户的需求。”

“是的，我听说了，”麦先生说，“但是坦白讲，你们的定价相对比较高。”

“我理解，麦先生，但是这情有可原。随着我们业务的不断扩张，我们也正通过销售监控软件来积累更多的数据。这将帮助我们准确记录客户的消费行为。当我们把业务扩展到其他国家，比如印度尼西亚，我们可以为客户提供非常有价值的市场分析。关键是，我们希望客户能够把钱花在刀刃上，我们通过提供有关他们行业和市场非常具体的数据来为他们创造价值。"

"那么，如果我想扩展印度尼西亚的市场，你能给我提供市场数据吗？"麦先生说。

"那当然。我正要去拜访5位潜在客户，我们肯定会在印度尼西亚大规模开展业务。客户越多，我们数据的准确性就越高。"

"这听起来不错，"麦先生说道，"奈杰尔（Nigel）没告诉我这些啊。你认识奈杰尔吧？他是我的下属。"

"认识，我和他共事好几个月了。我不知道他告没告诉您，实际上我都已经准备好了所有的文件，就差签约了。如果您还有什么顾虑的话，那我非常愿意回来给您做一个更详细的解说。"

"哦，文件都准备好了？"麦先生说，"好吧，为什么不？这是我的名片，你从印度尼西亚回来之后直接和我联系，我们定个时间最后确定一下这件事。"

"谢谢，麦先生。"威廉说。

威廉本打算在去印度尼西亚的航班上睡一觉，但是他高兴得坐都坐不住了。他一回到新加坡就立即和麦先生见了面，一周以后就搞定了一切。

案例启示

完善你的"电梯游说"。你永远不知道什么时候会用到它。一个好的"电梯游说"能把一个意兴阑珊的客户变成一个充满热情的支持者。另外，值得注意的是，威廉并没有当场就迫切地要求把合同达成。他的目标是引起负责人上司的兴趣，以获得再一次见面商谈的机会。在随后的商谈中，他就能够有机会最终搞定一切。

VENTURE CAPITAL

How to Raise Funds for Your Business

第5章

如何写出让风投感兴趣的商业计划

前菜

什么是商业计划？风险投资人如何评估商业计划书？哪些因素能够让你的商业计划给人留下好印象，而哪些则不能？你该怎么写出一份优秀的商业计划？你还记得申请大学的时候是如何填写申请表的吗？你还记得当时是怎样写申请信、简历以及推荐信的吗？

其实，商场中的情况也和这差不多，只不过这个东西被称为"商业计划"。二者的区别在于商业计划没有那么多的指导和规则。这就和商场上的很多事情一样，你不成功便成仁。

但是你连目标在哪儿都不知道，又该如何取得成功？你连风险投资人的喜好都不知道，又怎么能撰写出他们感兴趣的商业计划？

在本章中，我们将详解风险投资人是如何评估商业计划的。我们将通过讲解如何撰写你自己的商业计划来说明这一点。一份商业计划通常需要具备一些基本的框架，但是我们不会像流水账一样来逐条解释，因为那样并不直观，而且这些条目在你形成一个商业计划的过程中未必都需要出现。

一旦你掌握了基础知识，我们将向你展示真正的游戏规则。我们将提供指导清晰的模板，你可以填入自己的内容。本章的目标就是让你能够舒舒服服地完成一份内容翔实的商业计划。

主菜

商业计划的基础

如下所示，许多指导书籍的思路都是首先整理出一份典型的商业计划所需要的基本提纲，然后再按照不同的提纲条目对商业计划进行逐条完善：

1. 执行摘要；
2. 公司信息；
3. 管理团队及组织架构；
4. 产品 / 服务；
5. 市场分析；
6. 销售及营销计划；
7. 运营计划；
8. 财务分析；
9. 风险评估及管理；
10. 成长策略；
11. 退出策略。

但这并不是你构思和撰写商业计划的最优方式。为什么这么说?

首先，并不是所有的东西都要按照它所展示的顺序来写。举例来说，执行摘要部分就不应该总是放在最前面来写。你怎么可能总结一个还没有写完的东西呢？这就好像还没学会走路就先要学着跑一样。这也是为什么当很多创业者面对要完成执行摘要的写作任务时，会踟蹰不前的原因。

其次，很重要的是，把你的想法和风险投资人的想法达成一致并把你的商业计划写成一个对他们具有吸引力的东西。

与上面的方法不同，以符合逻辑的方式按照如表 5—1 所示的顺序写作和构思你的商业计划，能够将你的想法理顺。当然，最终成形的商业计划的形式并不是这样的。

表 5—1

编号	标题	依据
1	市场——给我一个大市场	还记得吗？风险投资人十分在意市场规模，因为它决定了他们的投资是否有价值，也决定了你是否能够带来他们所期望的超过百分之百的回报率。市场规模不够大，风险投资人根本不会浪费哪怕 5 秒钟的时间来评估你的商业计划
2	管理团队——你为大炮备足火药了吗	没几个人知道风险投资人往往在看完商业计划的执行摘要之后，便会直接跳到管理团队部分。管理团队是尽职调查（见第 11 章）的重点关注部分。你有足够的能力在有利可图的市场上获利吗？你会不会被那些大枪大炮所吞没？你的管理团队在很大程度上决定了这些，因为他们就好比你的火药
3	产品 / 服务——问题在哪儿？你要怎么解决	开始思考如何利用你的管理团队在目标市场上分一杯羹。机会在哪儿？你该如何创造出足够从中最大化获利的产品或者服务
4	销售及市场营销计划——你有了产品，但是你能把它卖出去吗	市场上不乏好的产品。很多产品之所以没有获得成功是因为它们没有让足够多的客户了解到它们的存在。你能否通过市场营销来创造足够的销售额以创造利润
5	运营计划——保证每日正常运营	这部分看上去很无聊，但就像大部分日常工作一样，这部分非常重要。因为一个优秀的运营计划能够保证你的项目顺利推进。运营计划就好比你车子的汽油，它能够给你的车子提供动力。因此你要确保已经全面考虑过如何运作自己的公司后遵照执行
6	成长策略——这是生存或者死亡的问题	成长不是一个选项。如果你想在创业道路上取得成功，成为获利超过百分之百的个人运营创业企业，那么你必须成长。你有没有想过从最初的小作坊开始，公司将如何扩张？你是否会持续提供新的产品和服务？你是否有足够的天分令你的创业项目保持高质量
7	财务分析——你的项目只是空想还是已经有了数据的支持	这部分你要介绍项目的现金流计划以及估值。基于数据，风险投资人可以大致了解到你的整个策略并且确认它是否能够成立。举例来说，如果你预计在一年以内利润翻番，那么风险投资人可能就会进一步询问并确认你的假设是否成立

（续表）

编号	标题	依据
8	风险评估——提前想想创业路上会有哪些绊脚石	这一部分向风险投资人展示你对自己的项目是十分冷静的，并没有过分乐观。商场如战场，布满荆棘。你考虑过这些吗？你能阐述你的决心并通过创造性的办法来强调这一点
9	退出策略——卖掉公司、上市还是继续扩张	你一路走来十分不易。从一个不知名的小公司一跃成为风险投资人手里盈利最多的创业企业，你证明了自己。现在，你该如何完成自己的旅程？你想继续做下去保持扩张？还是把公司卖了，现在就收获自己努力的回报？或者你是否想让公司上市，把你的股份变现
10	公司信息——把上面9条的内容浓缩一下	当你根据以上1到9的问题思考过你整个的创业项目时，这个部分就会十分清晰了。现在，难点是把精华提炼出来，好好写出来，让你的听众觉得这是一个经过深思熟虑的、具有巨大潜力的项目
11	执行摘要——总结的总结	风险投资人并没有太多时间，所以执行摘要极其重要，它应该是在你完成全部商业计划之后所进行的最后一步。关键是简明扼要，重点突出。把它当成总结的总结，概括你的商业计划，然后再概括一遍，它总有完善的空间，变得更简短、更精要。越快吸引风险投资人的眼球，你就越有可能获得展示自己商业计划并说服投资人的机会

银餐具

现在你已经了解到了商业计划的概况，我们将详细分拆解析每一部分，这样你就可以明确地知道如何拟订你自己的商业计划了。最重要的是，你将学习到如何写出一份优秀的商业计划。以下是一些普遍适用的规则。

• **尽可能使用图表、数据图或信息图表等**。风险投资人要看几千份的申请，所以根本没有时间一行一行仔细看你的商业计划。这意味着即使你的商业计划非常好，风险投资人也有可能会忽略它。你该怎样避免这种情况发生？你要通过将信息简化为图表、曲线图、信息图表的方法来压缩他们用来消化你材料的时间。这种图像化的方法会更好地展示你的数据，并且保证风险投资人迅速抓住主要信息。

- **运用三点法**。如果你写文章做不到简洁明了，那么就试着想想三点法。当第一次读某份材料的时候，人们很难记住超过三点以上的信息。例如，当你描述你的商业计划的竞争优势时，别罗列出太多不同的小点。这并不能说服风险投资人相信你有巨大的潜力。你要做的是试着把想法整理成三个主要的观点。

- **保持简单明了**。很多创业者试图通过长句和过度复杂的语言来吸引风险投资人的注意力。千万不要这样。你还记得风险投资人的时间是多么有限吗？你要直接切入重点。他们希望能够在最短的时间内了解你的商业计划。请确保你的句子最长不超过两行。如果超过了，那风险投资人就需要更多的时间来理解它。避免使用过于复杂的语言，但是如果你使用了技术术语或者缩略词，一定要确保你提供了简单的定义。

第1项：市场——给我一个大市场

我们多次提及了市场规模的重要性，因为这的确是非常关键。在第3章中，我们解释了市场规模的重要性以及你该如何评估你的项目所在的市场规模。在随后的第6章里，我们会讲解优秀的创业者是如何把市场规模和现金流预测联系起来，以及他们是如何进行实地考察以保证他们的数据具有实际意义。

在本章中，我们将学习如何在商业计划中展示你关于市场规模的调查结果。最好的方法就是倒金字塔，也就是说你从最普遍的角度开始到最具体的角度来展示调查结果。图5—1就是你在倒金字塔中需要逐个提及的层面。

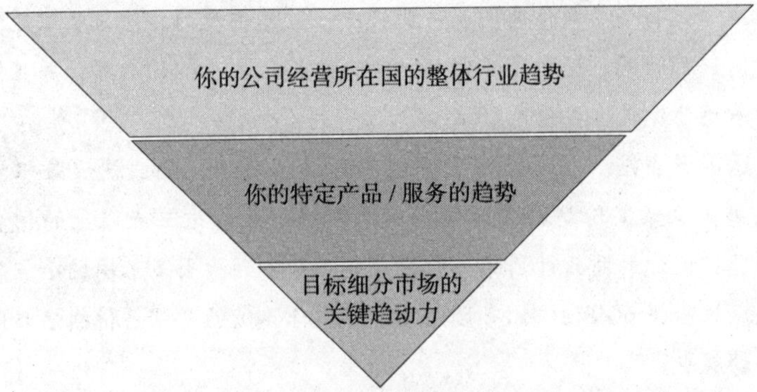

图 5—1 市场规模调查所涉及的层面

第一层：你的公司经营所在国的整体行业趋势

这是指你公司所属的广义上的行业。举例来说，如果你打算开一家韩国小食品商店，那么你就需要研究你的公司所在国整个食品饮料行业的趋势。

> **小提示**
>
> 在这部分最好尽可能地使用图表、曲线图或信息图表。这是一个会有很多数据的部分，你需要把信息尽可能清楚有效地传达出去。

关于趋势，风险投资人希望看到行业内供给和需求的历史数据以及未来的预测。选择的行业必须是你的创业项目所在的整个行业。为什么需要这些数据？很显然，之所以要求提供需求和供给数据，是因为这些基本能量将成为你项目成长的原动力。到最后，你需要说明这个行业具有吸引力，因为需求远远大于供给（走强趋势）。如果没有供需差，你就必须说明现在有很强的市场需求，会为你的产品带来巨大的市场。随后你就要考虑你的公司如何从现有的行业参与者中抢占市场份额。

为什么要提供历史数据和未来预测数据？历史数据已经刻在石头上了，你明白这些都是已经发生了的事情，可以作为依据。因此，它们就像指南针，让你对整个行业有一个全面的理解。尽管如此，为了经营的目的，我们也需要展望未来的成长。这就是为什么我们需要未来预测数据的原因，例如，如果你提出将来的需求会有 10% 的增长，而供给会保持 2% 的增长，你要进入的行业就会非常具有吸引力。

你从哪里能够得到这些数据呢？这需要大量集中的调研，仅仅实地考察是远远不够的。你可能会需要查看：

• 提供商业信息的网站，如 Euromonitor\Business Monitor International 等；

• 股票经纪人的行业报告（从你研究的行业中的某只股票入手，可能会有相关行业的趋势信息）；

• 谷歌学术上提供的学术研究信息；

• 商业新闻报道。

有一些资料可能需要花高价购买，所以你可以先试着问问你的朋友们。他们可能会通过大学或者工作的途径来帮你获得这些报告。

第二层：你的特定产品 / 服务的趋势

随着金字塔结构的深入，你需要更具体的信息。在这一层级上，主要关注你的项目能够提供什么样的产品或服务。我们还以韩国零食店的点子为例，假设食品饮料行业发展很乐观，风险投资人接下来就会想知道你为什么会决定进入零食部门。为什么不做高档餐厅或者快餐？因此，你需要用数据来支持你的商业计划。在你找到的商业报告或者学术文章中，可能会有把行业细分成许多类别的部分。通常，这个数据是通过饼状图来展示的（如图 5—2 所示）。

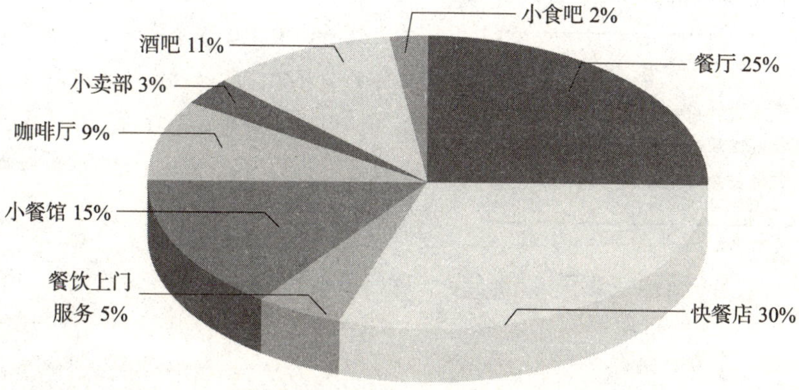

图 5—2　新加坡食品饮料行业细分图

可能的话，还可以介绍一下你要进入的细分市场的历史趋势和未来预测。例如，零食细分市场可能在过去几年中稳步发展，并且未来也很有发展前景。

第三层——目标细分市场的关键推动力

接下来，你就需要进一步详解推动目标部门增长的各种因素，这与你的项目具体相关。数据可能会被创业者粉饰，所以风险投资人会追问市场增长背后的逻辑和原因。简单地告诉他们市场会有巨大的增长是远远不够的。

你在做研究的时候，要试图理解行业报告中数据背后的逻辑，然后把这些浓缩成三个关键点。我们以零食生意为例，你可以写出以下这些关键点。

- **食品饮料行业的增长大部分将来自学生和办公室白领。**学生和白领客户共占据了食品饮料行业 40% 的市场份额，一年的消费达到 5 亿元。这个消费额预计未来五年将会保持每年 8% 的增长率。
- **这两部分消费者表现出对外卖零食的强烈喜好。**这两部分消费者由于时间有限，希望能够在短时间内买到可口的食品。根据消费者调查，与咖啡屋和快餐店比起来，白领和学生更多地转向零食店来购买食物。这是因为他们很多都是坐地铁列车通勤的，希望能够在去学校和公司的路上填饱肚子。
- **这个细分市场中的客户中对品牌忠诚度都比较低，因为他们总想尝试变化。**在被调查的客户中，有 80% 的人表示，如果可能的话他们会尝试新的零食和饮料。由于这部分消费者重视变化和选择的多样化，所以他们的品牌忠诚度也不高。因此，如果有了对的产品，我们对于在这个快速增长的细分市场中抢占市场份额十分有信心。

> **小提示**
>
> 要牢记三点法。虽说并不是必须严格遵循，但是抓住三个关键点的方法的确是推销一个想法最好也最简明的办法。

如果正确地完成了上述部分，你就已经成功地向风险投资人说明了如下几点。

- 食品饮料行业是非常值得投资的行业，因为有巨大的市场。
- 在食品饮料行业中，零食行业是最好的目标行业，因为其增长迅速、市场份额高。

• 低客户忠诚度以及消费者对于变化的喜好令创业企业更容易进入市场，参与竞争，抢占市场份额。

在这个部分的最后，你需要按以下几点进行总结。

• 市场规模：消费者数量、消费金额、预计增长率。
• 市场是否已经足够大？或者正在迅速增长？或者二者皆有？
• 这个行业是否已经具有吸引力？或者不久的将来会有契机促使其变得具有吸引力。

甜点

获取数据可能会很难，但是只要你下定决心就不是完全不可能的。有哪些具有创意的方法能够获取实实在在的数据呢？

案例分析：数数有多少鸡头

我有空的时候会给那些寻求风险投资基金帮助的创业者提供指导，特别是那些出身底层的创业者们。那些不够幸运的人并不是不会创业，他们只是更不容易获得资源。在给予他们适当的指导之后，他们会走得很远。

这也是我为什么决定开始帮助泰瑞（Terry）的原因。他想开一家鸡肉饭餐厅，正在寻找那些专门投资家庭式小型零售店的风险投资基金的支持。他面临的问题之一是不知道如何获取新加坡鸡肉饭行业的相关数据，这太具体了。

泰瑞和我一起开始进行头脑风暴，试图找到一些法子。

“衡量销售表现最好的指标是什么？”我问。

“唔，他们每天卖了多少盘，”他说道，“但是我不确定我们的竞争者会准确地告诉我他们每天卖了多少盘鸡肉饭。他们可能只会随便给个数字敷衍我。”

“这倒是真的。”我说。

“而且我也不可能把他们卖的每盘鸡肉饭都买下来，再算一下他们每天卖了多少，”泰瑞继续说道，“对于我的小本生意来说这样做花费太大。”

“但是你根本不用买下所有的鸡肉饭，”我说道，“有个更便宜的方法。”

“是什么？”

“唔，你可以问问这些竞争者们愿不愿意每天晚上把剩下的鸡头卖给你。你可以说你买来给狗吃。”我说。

“好主意！”泰瑞说。“鸡头肯定特别便宜。”

“是的，你可以在计划开店的区域的每家店都用这个办法。数据肯定真实准确，这样你就可以把它当作支持的论据了。”

泰瑞已经没有其他麻烦了，他直接去计算每天剩下的鸡头数量，基于这个数据，他估计出了每天卖出多少只鸡，进而推算出每月的销售额数据。

故事寓意

如果你确实无法得到公布的数据，那么就开动脑筋吧。发挥想象力，找到替代的方法获得自己想要的数据。

创业者快速自我评估

- 你是否已经确认了要创业的行业？
- 你是否已经确认了自己要进入的目标细分市场？
- 你是否已经获得了历史数据，并对行业以及目标细分市场进行了预测？
- 你是从可靠的信息来源获得的数据吗？
- 市场是否足够大（规模大约 10 亿元）？
- 你有没有用图表、数据图、信息图表来展示你的数据？

第2项：管理团队——你为大炮备足火药了吗

我们已经强调了管理团队的重要性。没错，你已经发现了一个巨大的市场，但是你要怎样来执行你的商业计划呢？这也是为什么风险投资人经常会直接翻看计划书中管理团队这一部分的原因。

许多创业者忽略了管理者团队这个部分，还有一些在他们的商业计划中根本就没写这部分，这直接导致他们被风险投资人拒绝。无论你的公司是在哪个领域，或者目前已经取得了怎样的成绩，你都需要写好管理者团队这个部分。只要去那些顶尖公司的网站看一下就能发现，即便对最高水平的公司来说，这也非常关键。我们已经在第3章中列出了一个优秀团队的特质。

• 共同的理念。团队的愿景和目标是否一致？

• 忠诚度。风险投资人能够相信你们吗？

• 以往业绩。你们在相关行业是否拥有过往业绩？你们是否曾经在相关机构从业过？

• 市场营销能力。你们在市场营销方面有没有经验？

• 产品开发。你的团队是否具有产品开发能力？

第1步：组织架构图

现在的问题是，你在商业计划书中该如何介绍管理团队？是从详细介绍每个成员入手？还是罗列出他们那些金光闪闪的专业证书？恰恰相反，最好的方法是画出一张组织架构图。组织架构图可以达到如下三个目标。

• **清楚展示职责**。既然是一家初创公司，就不允许有职责的重叠，否则就会导致人力成本的增加。理想的状况是，在每个业务领域里都有一个专家专注于该项业务即可。

• **分权制衡**。组织架构图同时也向风险投资人展示了在公司内部如何有效执行管理规定。由谁来保证销售经理完成其工作职责？公司各项决策该如何完成？

• **激励和人才晋升通道**。晋升的层级系统能够说明你的组织是如何吸引和留住人才的。你还需要说明对管理团队的贡献如何做出激励。通常情况下，管理团队会得到公司股份，用以激励他们将创业项目带向成功。除此之外，他们只会获得和大学实习生工资差不多的象征性的津贴。这样就能保证团队有足够的动力而且不会过于安逸没有斗志。

图5—3就是一个完善的组织架构的例子。你可以借鉴这个模板，来完成你自己的组织架构图，但请结合你公司的实际情况来设计这个组织结构图。

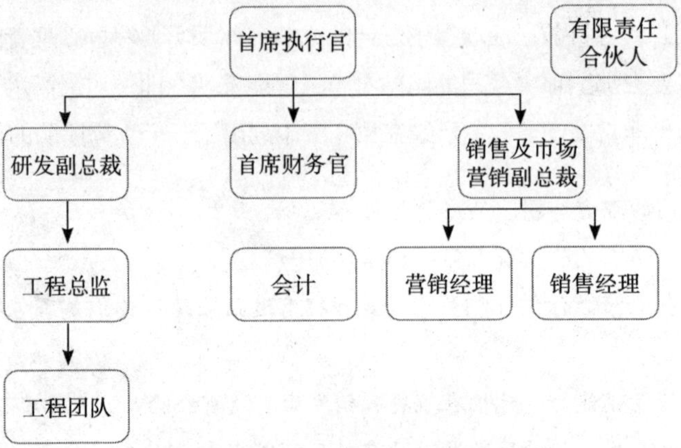

图5—3 组织结构示意图

第2步：团队概况

在完成组织架构图之后，你要用一到两个段落来介绍团队概况。这部分是要向风险投资人介绍团队是如何组建的以及团队有何过人之处。这部分的关键在于提供数据论据，所以你要确保使用的都是切实的数据。

- **经验结合**。你的团队结合在一起，会产生怎样的效应？
- **资质认证**。你的团队有什么特别的资质认证吗？团队成员在大学里的专业都是什么？他们获得过什么专业奖项或者曾经从事过什么专业岗位？

不仅如此，比每个团队成员优秀更加重要的是，团队作为一个整体运行得如何。要说明这一点，你可以采用以下这两种方法。

- **合作时间**。你的团队共同协作的时间有多久了？
- **共同完成的项目**。团队协作项目的结果怎样？

举例来说，你可以这么写：

当他们还在斯坦福大学学习计算机科学课程的时候，他们就已经开始组成团队，展开合作了，到今天已经共同奋斗 10 多个年头了。通过团队协作，他们把自己在编程方面超过 20 年的经验运用到了实际当中。他们曾经为谷歌、Facebook 和亚马逊提供过编程服务。他们还成功设计了四款苹果手机应用软件，创造了大约 200 万元的销售额，这些应用软件被来自 64 个国家的用户下载使用。

第 3 步：个人介绍

这是最难的部分，因为要推荐每个团队成员。每个人的介绍长度都不能超过一页，但也不能少于半页。如果还想加个照片（当然也可以选择不加），那么请确保照片是由专业摄影师拍摄的。可以围绕以下三个关键点来构思个人介绍。

- **背景**。他们的相关经验和过往业绩有哪些？在这个部分，你得让你的团队成员尽可能地光彩照人。你可以借鉴他们的简历，来看看他们的经验和业绩。如果他们的过往业绩十分丰富，那么就需要你挑选出那些最抢眼、最相关的部分了。团队成员的资质认证、获奖和荣誉都要在这部分体现。
- **重要性**。团队成员的经验和过往业绩将对你的初创企业有何帮助？在这个部分，你需要解释为什么会吸纳这个成员进入你的管理层团队。为什么分出宝贵的部分股份给他是必要的？你可以这样开始写：

约翰在新加坡麦当劳公司从事过十几年的高级市场营销专员的工作，他在这个岗位上积累了宝贵的经验，对于消费者行为，特别是快餐行业的消费者行为有着自己独到的见解。他在市场营销方面的杰出能力使麦当劳的市场份额在短短两年时间内由 20% 提升到了 40%。

- **岗位职责**。他们的岗位职责是什么？这部分将详细具体地介绍每个团队成员将来的岗位职责。这部分可以用列点的方式撰写，例如：

◎ 完成市场调查；

◎ 细分和确定目标市场；

◎ 针对细分市场开发市场营销战略。

甜点

在商业计划中展示出一个优秀的团队再好不过了，不过你也得保证写出来的与实际情况相符。下面就是一个反面例子。

案例分析：消失的教授

在医学诊断器材领域中，最重要的组成部分之一就是研发部门，这个部门耗资巨大，需要拥有人才、实验室以及其他原材料等物质条件。

但是有一个团队很巧妙地展示了他们的商业计划。他们完成了看上去不可能的任务，成功地绕开了高额的研发费用。看他们的现金流预测，几乎没有用于研发的部分。所以公司看上去非常好，他们在医学诊断器材领域有一些过往业绩，公司发展看上去并不需要太多投资。仔细研究一下他们的商业计划就可以发现这是为什么了。

我浏览了一下其管理团队部分，找到了他们是如何做到这一点的。这简直是神来之笔，他们不只招收了一支由医疗从业人员和创业者共同组建的强大团队，而且还招了一名大学教授。有了这位大学教授，他们就能够获得对研发十分关键的大学资源，包括租用实验室、使用原材料和人力资源（教授的研究助理们）。而且通过这位教授在学术界的影响和人脉，他们能够了解到业界最新的动态并且和该领域的很多专家保持密切的联系。

这份商业计划现在看来很好。他们的目标市场巨大，团队也非常优秀。最重要的是，他们团队中的这位教授能够减少大量的研究花费。我们立即邀请他们来面谈。

一周之后，我们进行了第一次面谈。五位创始人中的三位来到我们的办公室，做了非常专业的宣讲。毫无疑问，他们十分了解这个行业并且拥有十分成熟的商业策略。他们准确地知道新产品目标客户群的数量，并且已经和新加坡所有的医院取得了联系。这是我见过的调查最完善的市场分析之一。

只有一件事情我并不确定。“你们团队中的另外两位怎么没有出席？”我问道。

一位团队成员说道：“一位生病了，另外一位还有别的事务要处理。”

“哦，教授病了？”

“没有，他要上课。他让我们代他向您道歉。”

第一次会面就有两位团队成员缺席，这挺奇怪的。但是我并没太在意，毕竟，这家公司看上去很有潜力，我也希望能够进一步挖掘一下这个机会。“我知道了，”我说，“那么下周我们能再举行一次会谈吗？”

他们同意了，我就又安排了一次会面。与此同时，我和参加了第一次会谈的团队成员多次联络以获得更多的信息。他们的回复非常及时，而且看上去十分专业。到目前为止，一切顺利。

但是，下周的会议上，仍然有个团队成员没有出现，就是那位教授。

“我们要不要等他一下？”15分钟过去，我开始有点不耐烦了，问道，“他是不是遇到堵车了？”

一个创始人开始紧张了。“别担心，我给他打电话。”我决定再等等，可是他们的电话却一直打不通。他们开始交头接耳，甚至走出会议室继续打电话试图联系上那位教授。我和我的同事面面相觑。寻求风险投资的创业者如此轻率地缺席见面会，这种事还是很少见。通常情况下，都是他们追着我们要兜售他们的想法。

半小时已经过去了，他们才告诉我们这位教授不能来了。“他太忙了，”

他们说，“我们十分抱歉，但是也许下次他就可以过来了。”

很遗憾，根本不会有下次了。对我们来说，这就是一个很大的预警。这整个团队看上去毫无疑问是一流的。但是，他们连自己团队和潜在投资者的会见都不能保证全部出席，我们又该怎么相信他们能够很好地运营公司呢？最后，我们拒绝了投资申请并继续寻找别的投资项目了。

故事寓意

不管团队中有这位教授是多好的一件事，但如果他无法全身心投入到项目中，那也将无济于事。仅仅描绘出一幅团队的美好图是没有用的，重要的是要有能够把公司做大做强的真正实力。

创业者快速自我评估

- 你的商业计划里有组织架构图吗？
- 你有关于吸引和留住人才的策略吗？
- 你是否概述出了每个职位的岗位职责？
- 你是否确认了每个职位的岗位职责之间没有重叠？
- 你是否强调并突出了每个团队成员的卖点？
- 团队成员的经历是否都与你的项目有关？

第 3 项：产品或者服务——问题在哪儿以及你要如何解决它

你该如何把合适的市场规模和强大的管理团队转化成为一个盈利的项目？创业者所设想的可能和风险投资人的想法很不一样。事实上，他们通常会从以下几个维度思考。

• 创业者中的赢家能够从三个维度思考，把目前和未来的计划全盘考虑。他想到的是一个在目前和未来都具有竞争优势的产品。举例来说，他可能和别人一样，也有一个关于自制有机面包的想法。但是他还会再多考虑一步，预料到如果这个想法市场表现很好，那么就会有人复制该产品。所以，他会安排一部分费用用于研发，不断开发新的品种来适应消费者不断变化的口味。

• 创业者中的“中等生”能够考虑到两个维度。他确定好产品和定价，做了大量的市场研究，包括行业竞争以及对他自己的用户调查。举例来说，他想到一个批发有机面包的主意，这比生产蛋糕成本要低，因为和甜点比起来，大众更愿意为可口的小食品付钱。但是风险投资人无法相信竞争优势的可持续性。这些自制面包可能现在卖得很好，但是竞争者们很快就会赶来并且复制这个产品。

• 创业者中的失败者只能思考一个维度。他在能够提供什么样的产品上投入大量精力，而完全不考虑其他因素，比如竞争和价格。举例来说，基于现今的人们更愿意购买自制有机食品的假设，他希望能够引入自制有机蛋糕的概念，但是却完全没有考虑定价问题。在商业计划中，他指出自己将以每块 15 元的价格销售蛋糕，但是市场上最好的蛋糕每块也只卖 10 元。那么消费者真的会为了自制有机产品多付 5 元吗？

那么你该如何确保你的产品在每个层面都能完成本垒打？你该如何将商业计划中有关产品的部分写好，从而说服风险投资人给你一个机会呢？

很简单，关键是你不仅要很好地回答风险投资人的问题，还要在风险投资人提问之前就想到问题是什么并且提前作答。

当风险投资人阅读你的商业计划时，你并不会出现在现场。因此，如果投资人遇到任何问题，他都无法直接向你提问，即使你完全可以回答这些问题，你也不会有回答的机会。因此，如果风险投资人没能在你的商业计划中找到问题的答案，那么他们会觉得你没有思考过这些问题。当然，如果你确实没有思考过这些问题，那么结果可想而知，你不会给投资人留下什么好印象。为了避免这种情况的发生，我们在这里把投资人通常会问到的问题总结一下。这可以帮助你了解投资人都在想些什么，而你又该如何应答。

第 1 步：进攻方案

还记得吗？你已经锁定并且证明了有一个规模巨大的市场等待你进入。你还证明了你的管理团队拥有优秀的过往业绩，他们完全可以执行你的想法。关于产品的部分就是这个逻辑过程的延续，风险投资人下一步想了解的就是如何向目标市场发起进攻——你的产品或者服务要解决什么问题？

用一到两段来详细分析你试图解决的问题，以及这个问题为什么很重要。在这部分，你需要提醒风险投资人这个市场吸引人的地方在哪里。

第 2 步：竞争优势

在确定了你要解决的问题之后，你就要开始思考产品的竞争优势了。极有可能的是，你的竞争者在市场中已经存在了。你如何确保人们会买你的产品而不是买他们的？

> **小提示**
>
> 如果有关于你的产品或服务的照片，那么就把它们加在这个部分吧。看到了真实的产品之后，风险投资人会觉得它们更具有吸引力。

你必须向风险投资人清楚地说明你的竞争优势。即使随着竞争者的跟进，你的竞争优势可能会有所减弱，你至少也要向风险投资人说明你已经全面考虑了这个问题，你已经做足了功课。

第 3 步：产品定价

另外，你还必须证明人们愿意为你的产品花钱。否则，风险投资人会这样想："主意倒是不错，但是我怎么能知道它能不能创造收益？"你可不希望他有这种想法。你得在风险投资人提出质疑之前就提早一步回答这个问题。关于产品定价，你需要考虑如下问题。

- 你的竞争对手们的价格是多少？
- 价格差异的原因是什么？那个比别人定价高的竞争者是否是因为他把产品的目标客户定位在了更高端的用户身上？相反地，那个定价比别人低的竞争者是否是因为他想满足高需求量，因而只是提供了满足基本需求的产品？
- 你的产品处于市场的哪个位置？它大概落于哪个价格区间？
- 你能合理地说明你产品的定价理由吗？你有没有提前做好客户调查？

当我们讨论产品定价的时候，现场调查的信息就显得尤为重要了。创业者中的赢家会在计划的经营地点附近做一个客户调查。假设创业意向是开一家韩国小食品商店，那么客户调查的问题可能会包括以下几点。

- **请将下面这些食品按喜好排序**。通过这个方式估测出韩国小食品的受欢迎程度，所以需要你尽可能多地列出各个种类的韩国小食品。
- **你购买小食品的频率如何？**这个频率可以用一周几次来测出。
- **你购买每种小食品大概花费多少？**这个问题可以让消费者自己填写任意的数字，当然也可以列出几个预算区间让消费者选择。
- **对你喜欢的小食品，你是否愿意花更多的钱？**这可以做成是非题，来判断消费者是否愿意为特别的韩国小食品花更多的钱。
- **如果愿意，你愿意花费多少？**了解了这个，你就可以决定你的产品定价升水的区间了。

最后，你需要在两股力量中找到平衡。你不能把产品定价做得过高，以至于没有风险投资人会相信你能以这个价格卖出产品，但是又不能定价过低，因为风险投资人最终追求的还是取得盈利。

甜点

竞争者们需要多久能够追上来？你可能会被吓一跳，市场竞争的确十分残酷。

案例分析：唯有创新是不变的

在商业世界中，时间有着完全不同的意义。商业巨人崛起和衰落都可能在一夜之间发生。有一天，我正和我的老板共进午餐，他曾是一家财富 500 强公司的 C 级执行官。

“在商场上，”他说道，“竞争优势其实并不存在。我们更愿意把它叫作临时竞争优势。”

“完全同意，”我说，“太多的初创企业都相信他们拥有永远不变的竞争优势，可是他们都在一到两年里就倒闭了。”

“大型跨国公司也同样如此，”他边往前探了探身子边说，“我之前的公司曾经推出了一款非常好的产品。我们光研发这款产品就花费了几个亿。然后你猜怎么着？我们也就领先了几个月的时间。”

“几个月？”我惊呼道。我无法想象几个亿就这么白白浪费掉了。当然，这些研发的付出无论如何肯定起到了作用。

“是啊，”他说，“你肯定不相信，另外一家印度公司复制了我们的产品，并且用低得多的成本生产出来了。我们十分震惊。他们不知从哪儿冒出来的，给我们的销售造成了很大的冲击。”

“那你们怎么应对的呢？”我问道。

“我们什么都做不了，”他说，“现如今唯一不变的就是你要一直保持创新和变化。”

故事寓意

商业世界十分残酷。如果你在创新方面落后了，那么你可能就撑不了一年。

创业者快速自我评估

- 你的项目是在为一个实际问题提供可行的解决方案吗？人们会愿意为此付费吗？
- 你是否已经成功证明了消费者为什么会愿意放弃市场上已有的产品而转向选择你的产品？
- 你的上述证明是否有数据支持？
- 你是否已经为自己的产品定价？同样地，你是否能用数据来支持你的定价？

第 4 项：销售和市场营销战略——产品有了，但是你能不能把它卖出去

归根结底，一切都是在谈市场。你马上就会意识到，如果没有把市场研究透，那么你就没办法做出一个恰当的销售和市场营销战略。而如果没有销售和市场营销战略，就算是最优秀的团队开发出最好的产品也是毫无用处的。

第 1 步：谁是你的目标客户群

回忆一下你的目标市场对此十分有帮助。

- 创业者中的赢家清楚地知道他们目标市场和独特的特点。
- 创业者中的“中等生”大概知道目标客户群是谁，但他不是没有坚持到底就是无法全部投入，经常在半路就被打断，将注意力转移到了别处。举例来说，他一开始可能将目标客户群定位在婴儿群体，但最后他又将儿童也包括在内。
- 而那些失败者可能完全搞不清状况。当被问到目标市场是什么的时候，他会热情高涨地回答道：“所有人。”他不清楚确定一个明确的目标群体的重要性。他觉得，毕竟市场越大越好。这个想法是错误的。风险投资人不会吃这一套。那只能表明你的野心不切实际，你的决定都不是基于逻辑推理的。如果你只有 10 000 元用于市场营销，你怎么能够把可能会有 500 万人的整个市场确定为自己的目标？更为合理的做法是，你把市场细分成只有 50 万人的人群，集中精力营销这部分人群。

如果你不确定目标客户群是谁，那么你可以使用人口分布细节数据来把目标客户从整个市场中细分出来。下面是细分的角度。

- **年龄**。你的目标客户群是儿童、老年人还是青年人？
- **收入水平**。产品价格如何？谁是能够承受这个价格的人群？他们会对这个产品感兴趣吗？
- **性别**。产品是否只针对女性消费者还是男性消费者？或者二者都可以？

• **职业**。产品是否只针对一些特定的职业？例如，你的产品只是针对高级管理人员的职业装吗？

• **婚姻状况**。你是否只对已婚并且有小孩的客户感兴趣？或者你的目标客户群是单身的上班族？

你应该可以很明确地告诉你的投资人你的目标市场在哪里，并且准确地描述出你的目标市场。举例来说，你应该这么写，你的玩具产品的目标市场是那些有小男孩的、年收入在8万元以上的家庭，估计每年的市场规模总计20亿元。

第2步：你的产品是什么

我们又回到了产品这个问题上来，这的确很关键。在创业的过程中，我们经常会迷失产品的本质。这种状况在管理团队不够团结的情况下更容易发生。大家对于一个产品或者广告宣传活动持有不同的观点，这个问题在于，各方最终得到的信息很可能被扭曲了。让我们设想这样一个场景：首席执行官认为产品定位是高端的，但是几轮会议下来，市场营销经理却认为它是一个面向广大消费者的低端产品。不同的意见来来回回，整个团队都没办法确定他们到底想要什么。最后他们找了个折中的方案，把目标客户确定为收入中等的消费者。但问题是，把中等收入消费者设定为目标客户群往往并不是什么赚钱的好主意。

只有制定一套清晰且前后一致的策略才能帮你赚到钱。所以你需要问问自己，你的产品到底能够做什么。它能解决什么问题？你的竞争优势在哪里？如果你忘了，那么就请回到前面讨论产品的部分，再回想一遍整个逻辑思考的过程。

第3步：你的销售和市场营销的资源有哪些

现在你对目标市场和要销售的产品已经有了概念。在着手写销售和市场营销策略之前，你需要知道自己的资源有哪些。

这恰恰是创业者中的赢家要停下来想想的事情。而创业者中的“中等生”和失败者却会继续做他们关于销售和市场营销的春秋大梦，心想：“既然我们的目标客户是女性群体，那么我们就让奥普拉·温弗瑞来为我们的产品代言吧！”这种不切实际的想法根本没有意义，因为奥普拉的代言费可能是你产品年销售额的十倍，虽然我们现在都还没有讨论你实际的销售额能达到多少呢。

那么，我们该如何估量我们的销售和市场营销资源呢？我们该如何评价我们的局限呢？这很简单。这方面主要有两类限制条件——金钱（财务预算）和人力资源（可以利用的人才）。

让我们从金钱开始讨论。你该如何制定在销售和市场营销上的预算？最基本的原则是不要在销售和市场营销上花费过多，以至于影响到盈利水平。而理想的状况是，你在销售和市场营销上花的每一块钱都应该会带来销售额的增加。最直接的预算方法就是根据你销售额的百分比来确定销售和市场营销的花销。

例如，在你历尽千辛万苦做完详细的市场调查之后，你意识到你的利润率最后能够达到40%。截至目前，你唯一没有计算出的就是销售和市场营销的花费。你当然不希望你的销售和市场营销预算超过40%。可能你只想在这部分上花销10%。而这个最终的数字是由你来决定的。在最初的几个月，你的理由可能是你需要创建品牌，打入市场，因此需要在销售和市场营销方面花费多一些，甚至暂时亏损。只要你清醒地认识到风险，并且能够理性地做出决定就可以。

第二个限制条件是人才。你可能已经有了一个非常复杂的销售和市场营销计划，但是你的团队里有人能把它付诸行动吗？在你的管理团队中必须有一个拥有很强的销售和市场营销背景的人才。依据他的经验，你就会大概知道你能够做到什么程度了。

这个人才会起到很大的作用。如果你的销售和市场营销经理拥有强大的超市行业关系网络，可以用最低的成本把你的产品推入大型超市——这可是一个非常大的加分项。

第 4 步：把你的策略整合起来

现在，你清楚了自己的目标市场、你的产品以及资源——那么把这些用下面的公式整合起来吧：

产品 + 资源 = X%（目标市场）

实质上，这个公式能够帮助你理清思路，梳理出你的产品和资源该如何带来目标市场份额。根本没有抢占到百分百市场份额的事情发生，除非你是行业垄断者，所以你需要循序渐进地执行抢占市场的计划，以此管理你的预期，逐渐实现目标。为了让你的商业计划看上去可靠，你要在抢占计划中详细说明你会如何利用现有资源进入目标市场。一个好的商业计划还要进一步证明你已经对目标市场进行了分类，并且论述你是如何量身打造你的产品以迎合特定类别的消费群体。

例如，赢家们从最开始就会非常明确自己的目标市场就是学龄儿童。所以在销售和市场营销计划中，他们强调了将会把大部分预算用于在学校里发送免费试用品和宣传单，这意味着他能够有效地接触到 10 000 名学生。他同时强调了他拥有能够做到这些的关系网络，并且已经签定了必要的文件，以此来说明这个机会的可行性。然而针对相同的产品，创业者中的“中等生”和失败者们却只会在那些购物中心随便派发免费试用品。尽管这样做的确会接触到更多的消费者，但是可能其中只有 500 名是学龄儿童。

小提示

写这部分的时候，你要和你的市场营销经理合作。你们俩的战略需要保持一致，只有这样，你的品牌形象才能前后一致。

这两种做法的区别是非常明显的。赢家们接触到了 10 000 名学龄儿童，而其他创业者只接触到 500 名。前者目标明确，策略清楚，而后者只是泛泛地接触到了更多的人而已。

你需要用这种方式思考，来形成自己的策略。你的销售和市场营销策略最好能够包括至少三种途径。同时，你还需要关注到以下这些要素。

- **宣传**。你将通过何种方式来接触到目标市场？你在这方面有什么创新的策略？
- **品牌形象**。你的产品的品牌形象是什么？你将如何创建你的品牌形象？你该如何保持市场营销的一致性？
- **差异化**。你怎样保证你的产品和别的产品的差异化，并且优于它们？
- **在线展示**。现如今如果没有在线展示，那么几乎就没有什么生意能够做下去了。你会使用哪些工具？你又会如何管理它们？是用社交网络还是自己的网站？

第5步：动笔

在着手写销售和市场营销计划的时候，你要遵循逻辑思考的过程，用最简单明了的语言把它写出来。如果不知该从何入手，你们就按照下面的模板来写。

- 我们的产品是（填写产品描述），它的目标市场是（填写你的目标市场的描述）。
- 为了有效地接触到规模为（填写金额）的目标市场，我们把销售和市场营销预算确定为（填写金额）。
- 销售和市场营销预算将被用于执行（填写数字）主要策略。
- 第一个策略是通过（填写方法）接触到（填写数字）位消费者（填写理由说明无疑是一个好的策略）。
- 第二个策略是……（同上）
- 第三个策略是……（同上）
- 结语。有了这个全面的销售和市场营销计划，我们有信心能够用最小为（填写金额）的成本接触到（填写百分比或数字）的目标市场。

这个模板只是一个参考，并不是一成不变的。根据你创业项目的不同，有时策略可能会多于三项，有时也可能会少一些。

甜点

销售和产品营销计划就是为了能够在市场上接触到尽可能多的客户，对吗？答案是否定的。在现实中，销售和产品营销计划比这复杂得多。暂且不提接触大众的能力，风险投资人同时还会考虑其他的因素，比如前后一致的品牌宣传活动。

案例分析：两极分化的宣传活动

近来，在逛百货中心时，你会看到很多鲜榨苹果汁的档口在卖那些价格和星巴克这类咖啡厅不相上下的果汁。十年前，这些档口根本没法生存。那这个转变的原因是什么？调查显示，大众对健康的关注带来了对健康产品喜好的增长。企业高管们更关注自己吃了什么，他们会看食品标签并且记录摄入的卡路里。

我们曾经有机会给一个健康食品公司投资。公司的所有者不只是想赚钱，他对提供健康食品热情满满。我们开会探讨了一下投资的可能。他在健康食品行业从业多年，最后决定创建自己的公司。当他开始解释食品防腐剂和食用色素这类词汇的时候，我就知道他已经做了非常认真的研究。“很多人看食品标签的时候会以为苯甲酸钠是一种维生素，”他说道，“事实上，这是一种防腐剂。我未来的计划是多搞一些关于营养素的教育普及活动。一旦人们了解到了这些区别，并试了我的产品，他们就会发现不同。”

他带来了一些健康食品的样品给我们同事试吃，它们都很好吃。他给我普及了关于食品和营养素的知识，我也开始觉得自己应该重新考虑一下自己对食品的选择了。我已经被他食品的品质给折服了。

但是我并没有被他的市场营销计划所说服。他的公司规模非常小，而市场中已经有几家大公司了，甚至包括国外的跨国公司。

“事情是这样的，”他答道，“我希望能够接触到尽可能多的消费者。我已经在和麦当劳商谈，希望能够把我们的健康奶昔纳入到他们的一个促销活动中去。”

“麦当劳？”我惊叫道。

他把我的疑虑误当作兴奋了。“是的！”他说，“很简单。例如，当有人买他们的超值套餐的时候，他们可以以较低的价格购买我们的奶昔。我们可以和麦当劳分利润。”

“但是麦当劳并没有因为销售健康食品而著名，事实上，麦当劳的食品非常不健康。”我说道。

“对呀，所以我的健康食品试吃样品能抵消那些不健康食品的影响啊，而且这样我可以接触到很多的消费者。”

这完全没有道理。如果这个创业者继续坚持他的麦当劳计划，他的整个无防腐剂、无色素的健康食品的平台就完全被破坏了。我们不仅仅要接触到更大的市场，我们还要考虑到保持一个一致的品牌形象。如果他的竞争优势是健康食品，那么把产品和麦当劳扯在一起就会把这个竞争优势破坏殆尽。

故事寓意

广告宣传不仅需要接触到更广泛的消费者群体，还要做到保证产品所传达出的信息具有一致性。不能顾此失彼，否则，你的市场营销活动就会迷失方向。

创业者快速自我评估

- 你了解你的目标市场吗？
- 你理解在这个市场里的消费者行为吗？
- 你的产品是什么？
- 你期望打造的产品形象是什么？
- 你有哪些资源？
- 你将如何有效地打入目标市场？

第 5 项：运营计划——保证每日运营

运营计划是保证你创业项目运转的引擎。它直接关系到每项生意的生存和发展。有它的时候，你可能并没有注意，但是一旦没有了运营计划，你就一定会注意到了。没有一个坚实的运营计划，你就别想创造利润或者让事业成长。

高效是每个好的运营计划所必须依赖的黄金法则。你该如何用最少的成本获得高质量的产出？你该如何确保它长期有效地运行？这可以分解为以下三个主要问题。

- 你该如何用较低的价格购买到高质量的原材料和服务？
- 你该如何提高效率？你该如何提高资产周转率来保证投资的价值？
- 你该如何确保运营能够跟上公司成长的脚步？

其他人直接跑去市场询价的时候，赢家会去寻找免费的产品。是的，免费。准备真正开始之前，他会做好调查，看看政府是否会对他的创业项目给予免费支持或者补贴。除了这些免费支持外，赢家还会检查自己的人际关系网，看看有没有免费的高质量服务。这就是为什么你经常能看到千里马式的人才出现在赢家的管理团队中——关键是用最低成本集中了最好的人才，并且获得最大的回报。

创业者中的“中等生”会花力气调查研究价格和采购环节，但是他并没有做到开发规模经济，也没有眼光来预测未来成长所需要的条件。在最初的一到两年里，他可能表现得还不错，但是当压力增大，他的创业项目就会开始崩塌、倒下。

失败者会直接和遇到的第一个供应商合作。他根本不去比较，也不查一下供应商的报价是不是行业标准价格。结果是，他的成本飙升，开始蚕食利润，最终他会被迫关门。

第 1 步：搜集信息

无论在哪个行业进行创业，作为最基本的一步，你都需要某种原材料或者基础服务。即使是一家互联网初创企业，也需要办公和服务器的空间。所以要回避运营策略的制定是不可能的。

但是要制定一个优秀的运营策略并非不可能。把目标定成零成本，然后为之努力。有创业者已经成功以零成本获得服务，把不可能变成了可能。方法非常简单——搜集信息。在供应商报价之前，寻找信息来源，在线搜集免费服务信息，把每个免费服务都申请一遍。利用自己的个人关系网络搜寻人才，达到以低成本生产高质量产品的目的。通过这个方法，盈利就会开始增加。

第 2 步：寻找报价、报价，更多的报价

一旦你已经用完了所有能够找到的资助和补贴，那么接下来，能够保证你获得最低报价的最好方法就是去市场上看看你到底能够拿到什么样的价格。

对每个你需要的服务都最好找到至少三个不同的报价。这会让你知道市场上同类服务的价格截面，当然你获得的报价越多越好。此外，努力商讨价格以获得最低价也是值得一试的。

第 3 步：小气点儿

我们需要诚实守信。除此之外，要想把生意做到盈利，你还需要小气点儿。增加销售额和利润空间能带来盈利。但是别忘了下面这个利润公式：

利润 = 销售额 － 成本

因此，有两个方法可以提高利润——增加销售额（这正是大多数人所关注的）或者降低成本。在运营计划中，你应该在创造销售额的同时，关注降低成本。

优秀的创业者会找到事半功倍的方法。他们研究自己现有的资源，争取最大限度地利用它们。这正是创业者的运营竞争优势。

有一位创业者在新加坡有一家制造业的公司，运转得相当不错，但是仓储成本过高导致经营成本开始威胁到他的利润水平。他的应对方法是把公司的运营部门搬到马来西亚与新加坡交界的柔佛州，每天凌晨雇用卡车司机把公司的产品运到市中心，以避开主干道的拥堵。到了下午，这些卡车在新加坡配货完毕。

通过这个方法，他节省了仓储成本，利润水平线也看上去好多了。他要做的就是不断审视现状，保持创新，持续寻找降低成本的方法。如果能够用更低的成本生产出一样的产品，何乐而不为呢？

第 4 步：为未来做好打算

很多创业者在运营的最初一年一切顺利，但是他们并没有为未来的成长做好足够的准备。尽管他们的目标市场很大，他们的生意也相当不错，但是他们却无法扩张。一位创业者的产品十分受欢迎，大型超市连锁店都来找他要更多的供货。他甚至都收到了那些对他的产品感兴趣的跨国超市的供货要求。

如果他制定了正确的运营策略，那他本可以把这些强大的需求转化为资本。遗憾的是，一种关键原材料的严重短缺限制了他的发展。他没有办法扩大生产规模，把需求转化为资本。当他不得不拒绝业务机会的时候，就会产生巨大的机会成本。

因此，在你制定自己的业务策略时，请确保它是可持续的。你要选择在经营所在国可以容易获得的原材料。如果你用了那些不太好买到的国外原材料，就有可能在业务扩张时，发生无法保证原材料供应充足的情况。更危险的是，你的生意将完全依赖供应商。如果这个供应商恰好还是原材料唯一的主供应商，那么他就可以提出一个高于常规价格的价格，因为他清楚地知道只有他能够在短时间内满足你的需求。因此，当计划未来的供给时，你需要考虑以下几个方面。

- **内部资源**。随着工作负荷的增加，你的内部资源（比如人才）能否满足要求？如果不能的话，你是如何计划增加内部资源的？
- **可用性**。你的运营策略有没有过度依赖某一特定的供应商？你会不会把自己置于供应商未来可以随意提高价格的境地？你和供应商们有没有签定长期协议？

• **时效性**。你能否确保总是可以及时获得需要的产品和服务吗？

• **新成本因素**。未来是否会出现新的成本因素？你该如何应对这些潜在的风险？举例来说，你的业务是否对油价波动敏感？如果是的话，你有备选方案吗？

第 5 步：整合

既然你已经搜集到了有关运营的全部信息，那么现在就可以把它们写下来了。同样，我们也为你准备了以下的模板。

• **简介**。简要说明你的业务如何运转。介绍地址、租用的空间类型、工作时间以及雇用的员工数量。

• **采购过程**。描述你已设计好的关于原材料和服务的采购过程。这应该是公司内部良好治理的航标以及未来执行这些采购流程的员工的工作指导。

• **生产能力**。这个部分关注的是你所制定的运营策略会产生多大的生产能力。在全力运转的情况下，你的工厂能够生产出多少产品？提高生产能力的成本会是多少？你有能力承担这个成本吗？

• **竞争优势**。运营策略方面的确存在竞争优势。你能否运用自己的商业模式来缩减仓储的物理空间，节省租金成本？你是否拥有更好的技能、经验或者技术？或者通过与供应商的特别安排来直接降低成本？

甜点

运营计划真的这么重要吗？下面这个案例讲述了一个创业者因为没有运营策略而损失了上百万元的故事。

案例分析：运营失败，全盘皆输

这是我作为一名风险投资基金经理所遇到的最难忘的经历之一。曾经有一位创业者提交了一份生产高级保健产品的商业计划给我们。但是我们连第一页都没看完，因为其描述的市场规模实在是太小了，而他们的定价又高得实在离谱。我们立即就拒绝了这个项目。

一年以后，我的同事劳伦斯问我是否还记得那个创业者。“你记得那个我们拒绝了的保健品项目吗？”

“我们拒绝了那么多，你说的是哪一个？”的确如此，在这个行业，我们看到过太多的商业计划了。

“就是那个价格很高市场又很小的，”他边说边给我看了他们的网站。

“哦，我现在记起来了，”我说，“他还是做了？”

“是的，”劳伦斯回答道，“我不知道到底是谁给他投资的，但是你猜怎么着？”

“既然市场规模很小，定价又很高，我猜他根本没办法创造足够的销售额，撑不了几个月。”我立即说道。这是这类创业者结束游戏的典型方式。

“比这还糟糕，”劳伦斯说道，“他由于合同失误损失了好几百万。”

“合同失误？”我问。

“我的一个朋友看了一下他的财务报表。他在网站开发一项方面就花了超过 5 万元。”劳伦斯说道。

“5 万？”我惊呼道，“我认识的一些跨国公司的网站都花不了这么多。”

“这消耗了他太多，”劳伦斯继续说道。“报表中的其他项目也是这样。完全入不敷出。”

我摇了摇头。“就没人阻止他？”

“没有，”劳伦斯回答道，“他目前正在寻求更多的资金支持，但是他已经损失了几百万了。头脑清楚的人都不会再给他投资了。我朋友直接把他的商业计划扔出了窗外。”

这是一个典型的案例。但遗憾的是，他并不是第一个失败得这么惨的，当然也不会是最后一个。

案例启示

在我的职业生涯中，我见过上千名失败的创业者。这位只是恰巧被最基本的错误打败了——他的运营策略计划太失败了。

创业者快速自我评估

- 你知道你的创业项目都需要哪些原材料和服务吗？
- 你有没有看看你需要的原材料和服务能否获得政府的免费支持或者补贴？你的初创企业是否符合政府免费支持的条件？
- 你有没有寻找能够帮你降低成本的人才？比如在网站开发方面的人才？
- 对于每项原材料和服务你是不是都拿到了至少三个报价？
- 你是否能够确保在你公司运营的所在国能够很容易地获得需要的原材料和服务？
- 你是否考虑把公司成长的影响纳入运营计划中？你的项目能否承受？
- 你是否已经考虑到一些无法预计的情况，比如成本的增加？
- 你有没有寻求开发规模经济的方法？
- 你在运营方面的竞争优势有哪些？

第 6 项：成长策略——不成长就灭亡

在商业世界中，不是成长就是灭亡。如果停止发展，你的竞争者就会飞快地追赶上来，在你还没意识到的时候就把你蚕食殆尽。除非你打算永远做小本生意；否则，你最好准备好你的成长策略。

创业者中的赢家明白成长的重要性并且已经为地理上的扩张、引进更多产品和服务以及创立互补企业做好了计划。有了这个计划，公司自然能够做到营业收入持续上升、业务持续发展，成为强有力的品牌。

“中等生”成长的意愿并不很强，觉得有一个产品就已经足够了。如果幸运的话，行业竞争并不会太激烈，用这一个产品，他便可以小富即安了。但是如果他没那么幸运，那么一个稍有竞争力的创业者就会用一个更强更好的产品线抢占他的市场。

失败者也会试图成长，但是方法却不对。虽然他把资金都用在扩张上了，可目标却是那些没有关联的领域。比如说，他本来是卖衣服的，却开始打算进入厨房水槽市场——这是两个完全不相干的产品。结果是，他不仅没有成功实现扩张，长久下去公司还落得个倒闭的下场。

在这个部分，我们会列出一些基本的公司成长策略。如果你所在的国家很小，市场规模不能创造出足以吸引风险投资人的利润，那么这些策略就是你必须遵照执行的。这些策略也应该体现在你的商业计划中，让风险投资人了解你将如何达到期望的市场规模。

策略1：增加分店数量

一旦你在市场中有了立足之地，最简单的扩张方式就是开分店。正如星巴克这样的企业，你在哪儿都能看到它的分店。当然，这种扩张需要耗费成本，所以你在做出决定之前需要考虑如下这些问题。如果对于以下问题，你都能够自信地给出肯定的回答，那么对于你的公司来说，增加分店数量就是最好的成长策略。

- **公司现在的业绩能够支持扩张吗？**目前你的公司是否持续盈利？如果开设新的分店，在目前的状况下，公司能够创造更多的利润吗？
- **你能够为新的分店创造足够的现金流吗？**你既可以通过经营提高销售额来创造更多的现金流，也可以通过借贷或者向风险投资人之类的投资者出卖股东权益来获得现金。你能够为开设新的分店筹集到足够的资金吗？
- **你有开设分店的软实力吗？**开设第二家分店，你能够找到足够的人力吗？
- **你的供应链能够应付增加的需求吗？**你有足够的原材料来适应更多的需求吗？如果没有足够的产品供应，开新店就完全没有意义。一旦消费者发现你并没有足够的库存满足他们的需求，他们就会轻易地转向你的竞争者，于是你就丧失了扩张的机会。

• **你是否已经为新店确定好了合适的位置以保证能够赚到钱？** 你想好在哪儿开下一家分店了吗？位置合适吗？如果不需要大客流，那么在周边便宜点儿的地方开店可能是更好的选择。如果的确需要很多顾客，那么你就得找一个更贵并靠近中心的位置。新店的位置与公司目前的品牌形象一致吗？如果你经营的是销售高端产品的店，那么可不能在档次比较低的地方开第二家店。

策略 2：扩大零售空间

扩大零售空间也是物理上的扩张，和开分店一样。唯一的区别是扩大零售空间是小规模的改变，因为它只牵扯到扩大目前的经营面积，无论是通过重新装修或者购买毗邻的店面。要考虑的问题有以下几点。

• **你是否因为空间狭小而不得不拒绝某些客户？** 如果你不得不让客户离开，那么原因就可能是经营空间有限导致无法满足过多的需求。如果你的饭店经常因为没有足够的桌子而让客户离开，那么就是考虑扩张的时候了。

• **由扩张产生的额外销售额是否高于扩张的成本？** 当然，你还需要做好尽职调查，清楚地了解扩大现有的经营面积需要花费多少。例如，毗邻的店铺可能并没有那么轻易就放弃他们的店面，把它卖给你。如果要价太高，你可能最终也没办法买下旁边的店面。

• **扩张的机会成本是否小于预计增加的销售额？** 有些店面在扩大营业面积的时候需要关门，这就会失去一部分的生意。这会不会影响你目前的客户跟进？因为暂时关门导致的营业额降低会不会超过预计的收益？

策略 3：扩张产品或者服务线

除了物理空间的扩张之外，另一种提高销售额的方法就是增加产品和服务的种类。全世界都在用这个方法。麦当劳曾经只卖汉堡包，不卖炸鸡。现如今，某些地方的麦当劳也开始卖起炸鸡来了。这也是一种扩张方式，用来适应不同种类的口味，打开新的市场，创造更多的销售额。

• **你是否已经对现有客户以及周边客户进行过调查，以确认他们会对更**

多的产品或者服务感兴趣？如果你经营一家咖啡厅，你应该提供免费的试尝样品，看看消费者是不是对新推出的产品感兴趣。这样做要比在花费巨大、推出新品之后，却只获得平淡的反响要好得多。

- **你是否有能力花费低于预计利润的成本来研发新产品或者新服务？**你将如何提供适合消费者口味的产品或者服务？研发成本是否足够低，以保证扩张是有利可图的？
- **你现有的资源能否支持产品或者服务方面的扩张？**你有足够的人力来生产新产品或者提供新服务？你用于扩张的物理空间足够大吗？

策略4：跨国扩张

跨国扩张会把你的产品和服务带到一个全新的市场。这是每个创业者的梦想。想象一下，你可以告诉每一个人，你把业务拓展到了那些世界性的大都市——北京、纽约、伦敦或是巴黎。毫无疑问，扩张的想法充满了诱惑力。但是只有少数人能够成功，很多创业者在试图扩张到未知市场时都是铩羽而归。

这个策略可能会获利非常丰厚，但是和别的策略比却更需要深思熟虑。风险投资人无疑希望看到某种程度的跨国扩张，因为你现有的市场可能已经太小了。但是，跨国扩张必须非常谨慎，需要考虑很多因素。当风险投资人评估跨国扩张的计划时，要求通常比一般情况下要高出许多。

- **规模大的目标市场**。市场很重要，所以如果你计划跨国扩张，你就得选择一个市场巨大的国家，比如中国。否则，风险投资人将不会认真考虑你的策略。
- **在目标国家的经营经验**。你团队中是否有成员拥有在目标国家工作的经验？在你扩张的过程中，他们能否运用已有的经验？
- **在目标国家的关系网络**。同样地，你在目标国家是否拥有可靠的关系网络？在当地你是否拥有智囊团？最重要的是，你是否认识能够为你的扩张提供实质帮助的人，比如可以帮你获得经营授权的人？
- **可见的里程碑**。如果你在跨国扩张方面已经取得了一些可见的成绩，这将给你加分。例如，因为预计到可能会花费的时间，你已经开始着手在目标国家申请经营许可。这些里程碑表明你清楚地了解自己正在做什么。

融会贯通

你已经了解了全部的成长策略，并且已经知道你的生意将采用何种策略。现在，你该如何顺畅连贯地表述你的策略？下面就是一个可供参考的模板。你可以用这个模板来整理自己的思路。

- 一旦业务达到（填入某种标志，如销售额或者客户量）水平，此目标预计最迟将于（填入大概的日期）达到，我们就会考虑通过（填入成长策略名称）开始进行业务扩张。
- 公司将解释为什么要使用（填入成长策略名称），因为（填入原因）。
- 不仅如此，（进一步填写支持论据）。
- 我们将通过（填写方法）的手段来保证扩张的可持续性。
- 如果扩张成功，预计在（填写最迟日期）前，销售额将增加（填写增加的销售额）。

创业者快速自我评估

- 在你的规划和商业计划中是否考虑到了成长这个因素？
- 你是否知道哪种成长策略最适合你的业务？
- 对于你倾向的成长策略，你是否进行了尽职调查？
- 你能对其他人自信地解释为什么选择这些策略吗？
- 你能否解释清楚你扩张的顺序？
- 你的团队是不是有足够支持你扩张的过往业绩？

第 7 项：财务分析——你只是在做梦还是你的商业计划真的有数据支持

这部分请参考讲解现金流的第 6 章和讲解估值的第 10 章。

第 8 项：风险评估——预测前路将出现的坎坷

没有哪个创业项目是没有风险的，但是好的生意人能够在这些风险变成真正威胁前就能预测到并且化解它们。

• 创业者中的赢家能够在风险发生前就采取行动。他能够通过个人的经验或者别人的教导来获得智慧和眼光。他看上去从来不曾遇到任何问题。但事实是他通过提前清除危机来实现“不战而屈人之兵”。

•“中等生”总是在救火。他能够预计到一些风险的发生，但当风险转化成威胁的时候，他却不知道该如何应对，所以他总是花费大部分精力来解决出现的问题。这种方式短期内可以应付，但是从长期来看，总是不断地扑灭这里或那里出现的小火苗，对于管理层来说并不是一种可持续的方式。

• 失败者根本不理解风险，在小火星变成了大火之前他们都觉得一切正常。这些创业者不认真向别人取经，写商业计划时的调查也只是做了一些表面功夫。所以，每当遇到一点点小波澜，他们就会率先倒下，想想，这也就没什么好奇怪的了。

那么该如何从失败者变成赢家呢？秘密武器就是信息。信息最为重要。风险评估的质量是由你获得信息的质量所决定的。你获得的信息越准确，它们和你的业务关联就越紧密，那么你风险评估的质量就会越好。你该如何获取高质量的信息呢？信息的质量可以分为很多等级，接下来，我们就分析一下如何保证你获得的信息是最高等级的。

第1级：表面调查

截至目前，你应该已经掌握了表面调查的方法。找到和你的项目相关的案例，然后分析出他们成功和失败的原因。最好能找到和你的业务条件最相似的案例（相同的国家、相同的行业等）。列出教训，研读这些项目是如何克服困难或者为什么没有打败挑战。看看哪些方面适用于你的项目，在你的商业计划里对这些方面进行认真分析。

第2级：通过建立人际关系网向别人学习

第二种获得信息的方法是向该领域的从业者学习。有谁比正在面对风险的人更清楚地了解那些风险呢？又有谁比那些已经化解风险或者正在化解风险的人更明白如何化解风险呢？答案很简单——成功的创业者们。

在你有机会向成功的创业者们学习之前，你需要在行业里建立人际关系网。你要尽可能地参加创业者研讨会，比如亚洲初创大会。这些会议都要收一些注册费，但是你会在会议上遇到很多和你想法类似的创业者们。

在会上，你要和那些创业者们多聊聊，听听他们的故事。如果你和他们不太熟，他们可能不会轻易透露信息。无论如何，就算是经过筛选的信息也可能对你很有用，这是你进阶到第三级的基础。如果你不知道怎么开始，试着问问下面这些问题，然后再继续聊下去。

- 在咱们这个行业里创业最大的挑战是什么？
- 你觉得当年在哪里要是有所改进，现在表现会更好？
- 作为创业者，你觉得最大的教训是什么？
- 对那些刚刚开始创业的人，你有什么建议？

第 3 级：直接向成功的创业者们学习

就像初创企业的投资者们都希望，能向李嘉诚、巴菲特这样的人学习一样，你一定也十分希望能向你创业的领域中最优秀的那些创业者们学习。他们并不需要像马云或者扎克伯格一样成功，但是必须是在你的创业领域里取得成功的优秀创业者。你会惊讶于自己能从实际经验中学到很多东西。

你该如何认识这些创业者呢？你该怎么知道和谁联系呢？你如何从第二级进阶到第三级呢？

- **在创业者研讨会上建立关系**。你可以很方便地运用第二级的信息收集策略。一旦你通过研讨会结识了一些创业者，你就得找出谁是和你一个行业的。他们要不自己就是成功者，要不就能够把你引荐给其他成功的创业者。
- **问问你的 FFF（亲戚、朋友和傻瓜们）关系**。大部分创业者寻求融资的时候都会去找他们的亲戚、朋友和傻瓜们寻求帮助，当你需要建议的时候，你同样可以最先找他们。告诉他们你想找的创业导师的标准，看看他们能不能给你引荐什么人。即便他们不直接认识那些人，他们相识的人中也有可能会认识那些符合标准的人。你持续搭桥，不断找寻，导师总会被你找到的。
- **直接打电话**。如果其他方法都行不通，作为最后一个办法，你可以试试你的决心、直接拨打电话。尽管这个办法很耗费时间和精力，但是它还是有效果的。你可以在网上搜索电子邮箱地址然后试试运气。如果你足够吸引人，总有人会愿意出去和你喝杯咖啡好好聊聊，这样你就可以扩大自己的信息量了。

融会贯通

在搜集到了有关你所在行业的风险和挑战的信息后，把它们逐条列出来，然后问问自己是否为它们做好了准备。如果答案是肯定的，那么再简单地细化一下你的应对计划。你可以使用下面的模板。

- 我们预计到（填入第一条风险）。
- 这个风险可能产生的影响是（填入影响）。
- 尽管如此，为了化解和降低这个风险的影响，我们将会（填入应对计划）。

甜点

风险总是存在的。你不能预测未来，但是你可以根据所处环境的变化进行调整。如果你足够聪明，你甚至可以把风险转化为机遇。下面就是一个聪明地利用政府监管的优势来进行扩张的项目的故事。

案例分析：化危为机

对于任何公司来说，政府的监管都能带来翻天覆地的变化。特别是在监管非常严格的生物医药科技行业。药物和医疗器械要获得食品药品监管许可越来越难了。没有这个许可，不管你的产品有多好，市场有多大，团队有多优秀，你的产品都没办法进入市场。

我认识的一家企业就是严苛的食品药品监管规定的受害者。我们投资给了这家公司，它已经步入正轨了。它所在的行业是生产为手术台上的病人输送氧气的医用泵设备的。它的优势在于开发出了一种可以在野外环境下使用的医用泵。这个产品有巨大的社会效益。这意味着你可以在水电供应受限的乡村医院使用这种医用泵。这是真的能救命的设备。

作为管理和监控的例行过程，我和公司的首席执行官一年间见了无数次面。最开始，他对打开美国市场十分乐观。和中国一样，那里市场巨大，他希望能够好好利用这个优势。恰好他还和当地的一些医院有些联系。那里的医生们都表示出对这个医用泵的极大兴趣。

“我们拥有先发优势，”首席执行官自豪地说，“一旦我们进入了那边的市场，我们的销售额甚至可以翻上三番。这可是上百万的净利润啊。”

我动心了。这的确是一家非常好的公司，管理团队优秀、产品好、财务数据表现优异。我们为能投资这样的公司感到骄傲，我们也很期待他们在美国能有所突破。

但是我感觉每见这位首席执行官一次，这个突破就离我们越远。“批准文件已经在审批当中了。”每次见到他，他都这么说。

事实的确如此。这些文件一直在审批当中。唯一的问题是，它们一直没到我们手上。在美国的突破并未到来。作为投资基金经理人，当我们看到首席执行官在多次恳请后收到拒绝信的那天发来的电子邮件时，我们十分绝望。这就像我们精心爱护培养的宝宝被迎面打了一下一样。感觉我们错过了一个内部收益率大于 100% 的机会。

但是，这时就体现出了拥有一个优秀管理团队的好处。这位首席执行官并没有就此放弃。尽管政府监管规定毁掉了他在美国市场有所突破的梦想，但这并不是世界末日。对于他来说，这仅仅意味着他要换一个地方发展。

几个月后，公司把业务转入监管环境相对宽松的亚洲市场。没过多久，他们就获得了许可文件，他们的医用泵终于获得了他们为之不懈努力的成功。

现在，这些医用泵已经拯救过上千个生命，特别是弱势群体，或者生活在那些没有完善的医疗保健设施的落后地区的人们。但是如果当初这个首席执行官没有化危为机的远见，这一切可能发生吗？不可能。能预见到风险是一回事儿，能针对风险采取适当的措施则需要高明的技巧。

故事寓意

一扇门关上了，另一扇窗就会打开。在逆境中不要退缩。找个办法，让项目进行下去，那它就一定会进行下去的。

创业者快速自我评估

- 你是否已经为你的创业项目搜集到了有关潜在风险和挑战的信息?
- 你是否既运用了表面调查的方式又运用了具体调查的方式来获得这些信息?
- 你有没有和至少五位已经在行业中创立过公司的创业者们进行过交流?
- 你是否了解你所在行业的主要风险和挑战? 你将如何化解这些挑战?

第 9 项：退出策略——卖出、上市还是继续扩张

你得准备一个退出策略。并不是说你还没开始就准备好失败了，而是要你好好想想该怎么把自己的项目变现。风险投资人会对这部分非常感兴趣，因为这部分能够说明他们将怎么从对你的投资中获得收益。

你有很多选择，每一个选择都有其优缺点，没有哪个绝对优于其他的选择。起决定作用的是你的打算以及你项目的特性。我们可以告诉你有哪些不同的选择，但是最终要选择哪个就是你自己的决定了。

选择 1：上市

首次公开募股（IPO）是指私人公司首次在证券交易所向公众公开发售其股份。

优点

1. IPO 是一个非常受欢迎的退出策略，因为它通常意味着高回报。倘若公司业绩很好，取得市场信任，那么它的股权在公开市场上出售的价格会高于实际价值。

2. 某些公司会因为上市会增加公司的名望，给公司的品牌价值带来增值而选择运作首次公开募股。扩大了公司的品牌价值，公司就能够吸引更优秀的人才并且增加销售额。但是，这个优点并不是一定存在的。

缺点

1. 哪里有利润，哪里就会有人要来分一杯羹。你选择了首次公开募股，那么就得把一部分收益分给那些投资银行家们。

2. 公司上市了，你就得更多地考虑到更多的人了，这些人就是股东们。你现在就得对不同的投资人负责，而这些人可能对你该如何经营公司有着各自不同的观点。

3. 公司上市了，对经营流程的要求就更严格了，这就要求你披露更多的信息，而这么做，你很可能非常不舒服。这些信息有可能被竞争者们用来打败你，这可是你在走上上市这条路之前需要好好考虑的事情。

选择 2：股权转让

股权转让与 IPO 类似，区别就是购买人是一个或多个私人战略投资人，而不是公开市场里的投资者。公司可以被全部买下，或者分拆成几个部分出售。和 IPO 一样，这种方式可以让公司创始人和风险投资人把手里的股份变现，使他们的辛勤工作获得应有的回报。

第 10 项：公司信息——提炼 1 到 9 项的精华

这一切就快结束了。你已经被 9 个有关商业计划的部分折磨得够呛了，不过，你终于可以闭着眼写出完整的商业计划了。所以，现在回到公司信息部分，你要做的就是再完整地写一遍商业计划，只是这次你得尽可能地把它写得短小精悍。要把东西写得简明扼要这并不容易。当你经过努力终于用 500 字表述完商业计划的时候，你就会知道我说的是什么意思了。

但是，如果你有了正确的模板和思考过程，这一切也并非那么难以实现。按照吸引人的程度不同，我们可以把叙述的过程分成三个简单的递进段落。简单来说，你首先要用一些十分基本的信息来吸引风险投资人。然后，用公司已经取得的成就来抓住他。最后向他们展示出公司的成长潜力，靠这些从他手里拿到投资。

- **第1段：**做一个简短的自我推销。如果投资人对你的公司基本业务感兴趣，那么他就会读下去。
- **第2段：**抓住投资人的兴趣之后，现在可以详细讲一下稍显乏味的细节了。
- **第3段：**现在投资人对你的公司很有兴趣了，你需要说服他们给你投资。因此，你需要在这一段集中精力讲讲未来。

第1段：基本情况

在这段中，你要写出公司名称、所在行业、营业地点（如果适用的话）、一两句话交代清楚你的产品或服务以及商业模式。例如：

“买买买”公司是一家总部在新加坡的互联网初创企业，致力于通过一个不断创新的网站将时尚消费者和卖家联系起来。这个网站开发了一种算法，可以通过对社交媒体上获得的信息进行分析，能够准确预测消费者行为。对于每笔通过该网站达成的交易，“买买买”会获得2%的分成，并且为所提供的消费者信息向卖家收费。

第2段：深入讲解你的商业模式

在这段中，你得进一步展示你的公司。你需要想一想，你的竞争优势在哪里？它们是可持续的吗？你的管理团队成员是谁？公司取得过什么业绩？例如：

“买买买”公司的竞争优势在于对社交媒体信息的分析，这个算法是由一个麻省理工计算机科学专业的优秀毕业生团队开发出来的。团队由霍华德·陈（Howard Chen）领导，他曾供职于麦肯锡公司、Bain和Oliver Wyman公司，在消费者行为分析算法方面有着超过20年的从业经验。仅在公司运营的第一年，这个算法就成功地创造了超过300万元的销售额。其他公司也试图复制此种算法，但是我们的算法始终处于领先地位，因为我们会不断地根据最新流行趋势调整我们的算法。

第 3 段：描绘美好未来

最后，至关重要的是要说明你将如何把现有的良好趋势继续保持下去，并且在行业中获得盈利。你要简单谈一下未来的商业计划，成长策略以及发展目标。例如：

"买买买"公司计划由时尚消费领域扩展到其他主要消费领域，比如电子消费品领域。我们已经和很多家现有的、在电子消费品领域也有业务的客户达成协议。我们的目标是在年底达到 500 万元的年销售额，并且在 2015 年年底前打入马来西亚市场。

整合在一起

于是，你的最终商业计划看上去应该是这样的：

"买买买"公司是一家总部在新加坡的互联网初创企业，致力于通过一个不断创新的网站将时尚消费者和卖家联系起来。这个网站开发了一种算法，通过对社交媒体上获得的信息进行分析，能够准确预测消费者行为。对于每笔通过该网站达成的交易，"买买买"会获得 2 %的分成，并且为所提供的消费者信息向卖家收费。

"买买买"公司的竞争优势在于对社交媒体信息的分析，这个算法是由一个麻省理工计算机科学专业的优秀毕业生团队开发出来的。团队由霍华德·陈领导，他曾供职于麦肯锡、Bain 和 Oliver Wyman 公司，在消费者行为分析算法方面有着超过 20 年的从业经验。仅在公司运营的第一年，这个算法就成功地创造了超过 300 万元的销售额。其他公司也试图复制此种算法，但是我们的算法始终处于领先地位，因为我们会不断地根据最新流行趋势调整我们的算法。

"买买买"公司计划由时尚消费领域扩展到其他主要消费领域，比如电子消费品领域。我们已经和很多家现有的、在电子消费品领域也有业务的客户达成协议。我们的目标是在年底达到 500 万元的年销售额，并且在 2015 年年底前打入马来西亚市场。

第 11 项：执行摘要——总结的总结

风险投资人没时间逐行看你的商业计划，所以执行摘要是最重要的部分之一。要是他们很忙的话，他们可能直接跳过其他部分，只看执行摘要。如果执行摘要写得不够好，商业计划的其他部分再好也没用，投资人根本不会看。正因为如此，执行摘要有以下两个十分重要的目标。

- **简洁**。你要不断地问自己，是不是能够用更少的语言讲明白同样的事情。你写得越简洁，风险投资人就会越快地了解到你的想法。他对你的业务了解得越清楚，你获得投资的机会就越大。
- **清楚**。这里的清楚是指你要把投资人为什么要投资到你的公司的原因完完全全解释清楚。要是理由说得不清楚，那就别指望有什么投资了。

在这个部分，我们将讲解那些最好的初创企业是如何写好他们的执行摘要的。

第 1 步：重读你的商业计划，然后列出要点

执行摘要是对你商业计划的总结，所以它必须和你的商业计划紧密相关。有些创业者并没有意识到这点，他们的执行摘要是随便想到哪里就写到哪里。例如，他们的商业计划讲的是一个主题，而他们的执行摘要讲的却是另外一个主题。

保持一致性是很关键的。你从头到尾看一遍自己的商业计划，再把关键点以要点的形式列出来，这样会给你很大的帮助。为什么要以要点的形式？你要记住，你的主题需要做到简明扼要。罗列要点能训练你的大脑，让它以一个简明的方式思考。你不要纠缠于要点周围那些无关紧要的东西。你只需要要点，其他什么都不要。

第 2 步：把你的要点分门别类放到“篮子”里

现在你已经把要点都列在纸面上了，你十分急迫地想赶紧着手写你的执行摘要。但是，在写之前，你还需要再做一些准备工作。

目前，你可能已经有了十个要点，它们分别与执行摘要的不同部分有关

系。现在你需要做的是看看这十个要点，想想该如何把它们分门别类。不同的创业者选择的分类法不同。有人会使用 SCQA 法。

- S（现状）。项目目前的状况怎样？
- C（复杂性）。哪些因素给业务环境带来了复杂性？
- Q（问题）。行业中的创业者该问哪些问题？
- A（答案）。你对这些问题的答案。

其他创业者会倾向于选择更加传统的方式，直接以公司信息为分类线索，例如：

- **概况**。关于公司的商业模式、竞争优势和可持续性的基本信息。
- **过往业绩**。公司在过去一两年中的表现如何。
- **未来计划**。公司对未来有什么计划。

那么，就选一个适合你创业项目的分类方法吧。

第 3 步：利用排版格式来强调关键点

把你写好的关键点分门别类之后，你就需要利用不同的排版格式来强化你的这些要点了。下面就是一个不错的格式：

行业先驱的竞争优势可能会随着时间而慢慢消逝，但是公司会保持业务的可持续性——公司会向客户提供条件诱人的包含现金券的会员卡以及其他免费礼品，用以锁定现有客户基础。

我们使用的方法是把摘要的关键点用加粗字体强调出来。对于关键点的具体解释被放在破折号之后，字体没有加粗。这样，一旦风险投资人挑中你的商业计划，却只有五秒钟的时间来看它，那么你肯定希望他在这仅有的五秒钟里看到你最想让他看到的东西。加粗加重那些已经组织分类好的信息片段就是为风险投资人节省时间的，也是给你自己创造更好的机会。视觉强调和展示技巧非常重要，这些能够让你在说明为什么你的项目将会是下一个大热门的时候走得更远。

第 4 步：概括、概括再概括

最后，作为润色，别忘了要继续概括。根据经验，通过删除不必要的词语和缩短句子，你可以很容易地把原来的执行摘要压缩四成。例如，我们可以把之前写过的那个关键点改写一下，并且保持关键要素不变：

行业先驱的竞争优势可能会随着时间的过去而慢慢消逝，但是公司会保持业务的可持续性——公司会向客户提供条件诱人的包含现金券的会员卡以及其他免费礼品，用以锁定现有客户基础。

可以改写为：

先发优势会消逝，但可持续发展计划不会——包含现金券的会员卡和小礼品会锁定现有客户。

看到了吗？只是小小的改写，我们删掉了多少不必要的内容。如果你再琢磨一下措辞，还可以再删一些。所以，千万别忘了要概括。这是执行摘要最重要的一点。

附录

查找一流的商业计划和更多信息，你可以登录如下网站：

- 哈佛大学商学院 ww.hbs.edu/entrepreneurship/resources/business-plan.html;
- Bplans www.bplans.com/sample_business_plans.php;
- Entrepreneur.com www.entrepreneur.com/landing/216013;
- American Management technology (AMT)；http://inventors.about.com/library/bl/toc/bl_biz_plan_1.htm;
- live plan www.liveplan.com/features/samples_and_examples。

第 6 章

现金为王：做好你的现金规划

前菜

本章的内容包括对初学者进行指导的重要细节——我们不仅要告诉你如何计算现金流，还要教会你如何在创业之初就做出最好的现金流规划。

现金流规划展示了每个时间段结束时银行账户的现金余额，这个时间段可以是一个月、一个季度或者一年。这个数据之所以重要是因为风险投资人要知道你是否有能力及时支付账单或者履行债务。如果没有现金流规划，那就会被认为是无法支付账单，那么无论你的项目如何吸引人，它最终都会失败。

为什么你的项目运转正常，而现金流会成为问题呢？并不是每家企业的经营都是基于现金交易的，所以一家拥有很大客户群的企业并不一定有健康的现金流。就像我们平时用信用卡买东西一样，有些企业也是基于信用机制运行的。一个供应商开发票然后发货，通常都会在发票上注明需要何时付款。供货商可能在收到付款前 90 天就发货了，这就是说，供货商花钱生产出产品却要等到 90 天后才能收到付款。在这段时间内可能会发生很多事情，供货商得付房租、设施费用和其他开支。如果他们没有足够的现金支付这些债务，那么不管公司运行得好坏，他们都有可能不得不关门大吉。

这就是为什么你大概已经听过“现金为王”这个说法了。现金的确非常重要，因为它决定了一个项目最基本的生死存亡。最重要的是，现金流规划将帮你做到以下几点：

- 精确找出公司盈亏平衡点；
- 决定何时需要下一轮融资；
- 突出公司的销售额和成本；
- 协助公司估值。

主菜

在我们详解如何预测现金流之前，我们必须首先决定哪些东西对你来说至关重要。对于初创企业而言，按重要性排序，可将三类不同的现金流做如下的排序。

1. **经营现金流**（Cash Flow from Operation，CFO）。这个数据体现了你的销售额和成本数据，它是业务运转情况的“晴雨表”。到目前为止，这是你最该关心的一类现金流。

2. **融资现金流**（Cash Flow from Financing，CFF）。这个数据包含与融资相关的项目，比如银行贷款、股权（属于投资人比如风险投资人的部分）还有利息支出。举例来说，天使投资人经常会选择有固定股息的优先股。你每年需要支付的股息就是融资现金流的流出部分。

3. **投资现金流**（Cash Flow from Investment，CFI）。对于大公司来说，这个数据通常更加重要，因为它包括对于固定资产、证券、定期存款的投资以及收购。初创企业通常没有此类活动，而且这个数据中的现金流入通常很小。尽管如此，这个数据中的现金流出还是会有一些用于购买固定资产、厂房和设备。举例来说，如果你为创业项目买了一个面包机，这就是资本支出（流出）。而如果你仅仅是租用了一个面包机，这就是运营费用。大部分初创企业不会希望承担在资本支出上花费过多而带来的风险，他们会尽可能避免这类开支，因为这样做成本很高，并且提高了流动资金需求水平。

除此之外，还有另外两类现金流——现金流入和现金流出，它们的定义就是字面意思。

- 现金流入。当你获得银行贷款时，在你的银行账户上入账的资金。
- 现金流出。当你支付开销时，从你的银行账户上划出的资金。

现金流规划

现金流规划可以分解为三步，你需要做的就是加加减减。可以用 IOS（流入、流出、求差）缩写来帮助记忆。

第一步：现金流入

确定你的现金流入，包括：

- 经营现金流入（销售额）；
- 融资活动现金流入（银行贷款、风险投资等）；
- 投资活动现金流入（初创企业不太会有此类现金流）。

第二步：现金流出

确定你的现金流出，包括：

- 经营现金流出（销货成本）；
- 融资活动现金流出（利息支出、股利等）；
- 投资活动现金流出（购买固定资产、厂房和设备等）。

第三步：求差

用现金流入减去现金流出。例如，第一个月，你卖苹果手机壳的预计销售额为 2 000 元。销售这些苹果手机壳的成本为 1 500 元（假设 1000 元为租金、200 元为人力成本和 300 元是手机壳的成本），这样这一经营活动的现金流就是正的 500 元（2 000 元 -1 500 元）。

流入、流出、求差，够简单吧。现实中的现金流规划也基本就是这个概念的延伸（如图 6—1 所示），只是你在录入每个项目的时候都得做一些计算。

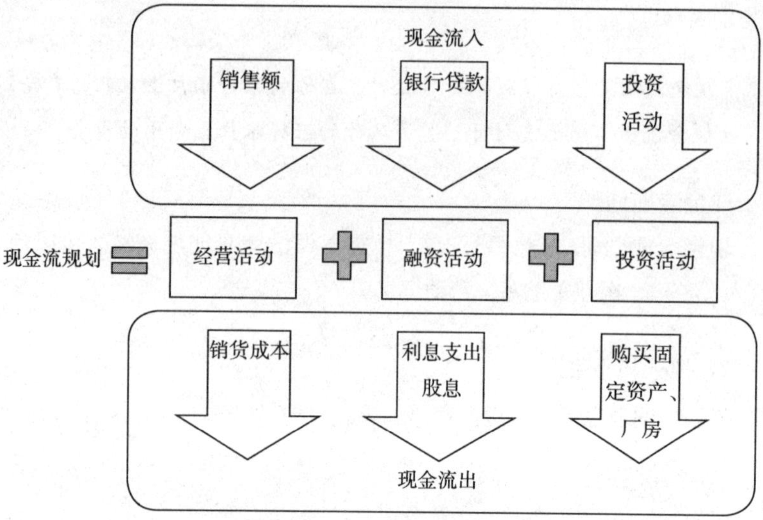

图 6—1　现金流规划

给创业者的警示

作为一家初创企业，你至少在前三年都需要做好每个月的现金流规划。三年后，你可以每年做一次现金流规划。这是为什么？因为创业最初的几年通常都是最困难的。在这段时期内，每个月的现金波动都可能会很大。如果你只是以年为单位作了预测，风险投资人可能并不能清楚地了解到你的思考过程，包括你是如何达到收支平衡的、你在什么时间点因为何种原因需要注入资金等一些相关信息。

你该怎么作出预测

对于上述每个项目，你该如何作出理智的预测呢？很多人都会告诉你与其说这是一门科学，倒不如说是一门艺术。也就是说，数字是可以被操控的，甚至是可以简单地想象出来的。但是，预测也有好坏之分。不好的预测会导致风险投资人把你的现金流规划当成废话，或者，如果你已经到了答辩的阶段，那么你就做好被折磨的准备吧，因为你会不断被追问是如何准确获得每一个数字的。如果你没办法合理说明，那么就会惹祸上身。下面是一些游戏规则——他们适用于你现金流规划中的每一个项目，更会在你作为创业者的这条路上帮到你。

- **越多越好，尽可能多地搜集报价**。通常情况下，产品或者服务有三个报价就可以了，但是报价越多越好。在你的现金流规划中，总是用那个最高的报价，这样做是为了作出更保守的预测。如果风险投资人提出你的成本看上去太低，那你就可以回复他们，你已经非常保守了，因为你用的是最高的报价。
- **实地调查**。通过阅读报告、新闻报道、分析材料得出的桌面调查结果是十分有用的，但是什么都比不过实地调查。我们会告诉你那些创业者们为使他们的预测尽量准确而做了多大的努力。
- **合理性检查**。要时刻提醒自己检查你的预测是否合理。有些预测并不能单纯地基于报价和实地调查的信息。如果你打算在市中心开一家商店，即使在全城每个地段都询问一下租金价格也不能帮到你。合理性检查的另一个例子就是预测与人力资源相关的数字。这并不仅仅是预测正确的工资数这么简单，你还需要准确地预测出保证业务运营所需的员工人数。如果你的公司是一家教育培训机构，那么你不可能让一个老师教一千个学生。如果你自己没办法做好合理性检查，那么就找一个有现金流规划经验的朋友来帮你再看一遍，甚至再看三遍。要牢记，越多越好！

我们会逐条讲解现金流的主要项目，从经营现金流开始，因为这个数据对每个初创企业来说都十分重要。

经营现金流

销售额（现金流入）

让我们从经营现金流中最可爱的销售额这部分开始讲起。这是用来说明你的商业模式是如何为你和你的投资人赚钱的部分，主要分以下三步。

步骤 1：算出市场规模

你要记住，这个市场规模必须达到 10 亿元，否则对于风险投资人来说是不够的。如果市场规模非常小，那么你可能就得重新考虑一下你的商业计划了。有两种预测市场规模的方法，最好两个方法都使用一下，以便得到最好的预测结果。

第一种方法是自上而下的预测，就是说用俯瞰的视角。阅读商业报告、新闻报道甚至学术文章，找到有关市场规模的预测，乘以一定的比例就可以得出你的预计销售额。如果你是卖鞋的，就去找一篇提到新加坡鞋类市场规模是一年 10 亿元的报道。

第二种方法是自下而上的预测，这就要求你到现实中去。你得和行业中的专家聊一聊，这就需要你提前建立好人际关系。可能你认识耐克鞋类部门的人，他可以告诉你一些销售数据。但是，即使你不认识什么行业专家，你还是可以想想其他的办法。我们在第 4 章中提到过，在刺探商业信息的时候，你可以多一些创造性。下面是一些小建议。

- **老式计数法**。有些成功的创业者就是走出去，到潜在竞争者的店铺中，数一数到底有多少消费者进了这些店铺。用这个办法，你可能需要从周日到周一、从开门到关门都坐在一家像 Charles & Keith 这样的著名品牌店门口。为了使你的预测更加全面，你甚至需要多去几个区域做调查。这很费时间，但是会为你提供一个非常具体的数据，当你面对风险投资人的时候，这个数据非常重要。
- **多问问总是好的**。你还有另外的选择，店里不那么忙的时候，你可以进去和他们的雇员聊聊天儿。你可以进那个鞋店试试鞋。聊一会儿之后，你就可以问问销售人员，每天大概有多少人来买鞋。这只是一个大概的数字，但是你还可以获得其他有价值的信息，比如消费者的人群分布情况。这些都可以做得很自然，你可以随口问问店员："这个款式对我来说是不是太年轻了？这个牌子通常是不是十来岁的人买的呀？"
- **找找代理**。代理们是间接的数据来源。就像我们在第 5 章中提到的那个数鸡头得出想要的数字的故事，你可以开动脑筋去实地调查出你想要的数据。继续以鞋店为例，另一种要想知道某种鞋子在学生中受欢迎程度的方法就是在培训机构看看学生们放在教室门口的鞋子。通常学生们是不能穿鞋进入教室的，如果你看看教室外的鞋子，就可以知道学生们的品位了。

步骤2：理性地预测你能占有多少市场份额

武断地拍脑袋给出一个数字是不明智的。我们将指导你如何使用行业内可比较的数据来理性地预测这个数据。

在知道大概的市场规模之后，你就该预测一下自己能够获得多大的市场份额了。

我们为什么需要知道你能占有多大的市场份额呢？因为我们会用它来乘以市场规模。在这个例子里，市场规模是10亿元，我们假设你的经营策略会抢占10%的市场，当然这是一个非常激进的预测，那么你就可以得出1亿元的潜在销售额。在你进行正式游说时，风险投资人可能会问你是如何得出这个数字的。如果你不能给出一个具有说服力的理由，比如你在彭博社的数据中看到新加坡的鞋类市场规模是10亿元，那么你就只能被拒绝了。可是你该如何获得这些数据呢？你必须再一次地好好研究所在行业，然后回答下面这些问题：

- 市场上有几个重要的参与者？
- 他们分别占有多大的市场份额？
- 他们每年的销售额是多少？

假设你确实能够得到10%的市场份额，那也不是可以一蹴而就的，任何一个创业者都明白这一点。就算它真的发生了，也是逐渐达成的，这其中可能需要两年的时间。因此，你就必须不断做出销售额方面的现金流规划。举例来说，你在第一个月可能只有5 000元的销售额。但是到了第十个月，你可能已经有50 000元的销售额了。那你该怎么得出递增价值呢？

步骤 3：预测你占领市场的速度

你不可能一夜之间就占领市场。即便你的商业模式成功，市场份额通常也是逐渐增加的。这意味着和第一个月相比，你可能在第六个月里拥有更多的市场份额。为了预测这个速度，我们会再次对行业内可比较的公司的历史业绩进行分析，这些用来比较的公司也就是你未来的竞争者。

预测这个速度，你需要继续回答问题。

- 市场中最新的参与者达成目标市场份额用了多久？我们选择最新的参与者是因为作为最近加入的参与者，他们进入市场的情形与你将面临的情形最接近。
- 影响他们获得市场份额速度的主要变量有哪些？
- 基于上述的比较数据，你认为你的项目是不是可以有同样的表现？你的项目将以更快还是更慢的速度获得市场份额？你该如何证明你的结论？

举例来说，如果你的卖鞋项目和 Charles & Keith 最类似，那么假设他们的市场份额是 30%，这个数据非常激进并且并未被证实。他们的创业故事非常具有传奇色彩，他们以每年 7% 的惊人速度抢占了市场。那么你是否能够说明你的项目也可以做到这一点？你能和那些规模更大、基础更好的参与者们竞争吗？

在往你的商业计划里填写预测数据前，好好想想上面问题的答案。你可以说由于你店铺的选址不是十分理想，所以扩张速度可能会相对慢一些。但是你的产品非常好，是目前市场上独一无二的。已经有 100 个消费者预订了你的定制鞋子，目前它只能定做并送货上门。考虑到这些，你可以把前三年的年增长率定为每年 1%，而在这之后，你的发展会更加稳定，随后的增长率可以定为每年 3%。

成本（现金流出）

现金储备最大的两个流出项目就是租金和人力成本。即便你的企业是一家不需要高级办公空间的互联网初创企业，你还是需要有个地方来办公。因此，租金和人力成本就是我们在这个部分里将要关注的。

租金

上面提到的游戏规则当然也适用于此。你需要尽可能多地搜集报价，在你的选址上做好可行性检查。但最重要的是，你需要做到切合实际。

很多创业者会直接就跳到向每个人寻求各种不动产租金报价的阶段。这样做是不对的，因为你可能得到的是完全没有意义的极端数字。你不能直接去找店员问一双鞋子的价格，他们会立即反问你要哪种鞋，香奈儿还是巴塔？

下面是在预测租金数字的时候需要进行的步骤，从确认不动产地点入手，这样能够保证你获得的报价是有用的。

- **做好调查**。上网查询，和相关的人谈谈，然后确定最适合你项目的地点。你需要熟悉一下目标市场和相关人员。举例来说，如果你想开一家培训机构，你不妨和家长们讨论一下哪里是最好的位置，和老师们谈谈也很有帮助，老师们对选址也会很有见地。
- **确立标准**。除了选址，有些小细节也会起到决定性作用。举例来说，一些人会为了给客户提供一个大一点的入口而多付一些租金。在和你的目标市场客户聊过之后，你就会知道他们到底想要什么。你要记住，标准应该由他们来定，而不是由你来定。可能家长们会担心孩子们的安全问题，那么把培训机构开在警察局旁边对他们来说就非常重要。谁知道呢？但是有一件事是肯定的，那就是你不试过就永远不会知道。
- **寻找报价**。一旦确立了标准，你就可以开始寻找报价了。你可以在线搜索，然后打电话给房地产经纪人。标准很重要，因为你的标准越具体，房地产经纪人就越容易在大量的报价中筛选出适合你的。
- **实地查看**。你必须自己去实地看看房子。光看图片是不够的，它们可能在空间大小上误导你。不仅如此，重要的不只是空间，还有你的邻居。举例来说，如果你想开一家培训机构，那你肯定不想把它开在一间酒吧旁边。家长们也不会希望他们的孩子在一个临近酒精和香烟的环境中学习。
- **确定价格**。选到了理想的地方，你就可以开始谈价格了。打电话给房地产经纪人，问问挂牌的价格中还有哪些可能没有被提及的费用。通常会有固定资产管理费用或者交易费（如因从现任承租人手中接手未到期的租赁而需支付的手续费）。你需要认真地和房地产经纪人谈谈，确认自己问到了全部可能产生的费用。

一旦你得到每月租金的具体数字，就把它填入你的现金流规划中，就是这么简单。不像销售额，租金成本相对固定，几乎不会改变，除非你有扩张计划。如果你的现金流规划中有扩张计划，那么就再做一次租金预测、把数字填入那个你预计扩张的月份就可以了。

人力成本

通常情况下，初创企业的创始人也是公司最初的员工。他们通常拿到的工资都很低，大概是 800 元，相当于大学实习生的标准。为什么这么少？这是因为他们把赌注都放在了创业成功上了。和风险投资人一样，创始人们都希望项目取得成功，这样他们作为元老的股份就会变成远高于固定工资的收益。尽管如此，在公司成长的过程中，你还是会需要一些雇员。下面就讲讲如何预测雇员的成本。

- **你需要何种类型的雇员？**首先，也是最重要的是，你必须确定自己的需求。你只要一个大学毕业生做文员？还是你需要一位拥有丰富从业经验的专家？你需要一位在财富 500 强公司中有过优秀业绩表现的人吗？这些都是你要好好考虑的。
- **和猎头们聊聊，得到一个大概的数字**。手头有了标准，你就可以去找猎头们了。你要知道他们并不会立即给你需要的数字，你首先要和他们建立起良好的关系。尽管如此，一旦关系热络起来，他们就会把大概的数字告诉你了。
- **把大概数字打个折**。假设你得到 5 个大概的数字，它们的平均值是 10 000 元。那么在你的现金流规划中，你可以给它打个折。你和要雇用的人，特别是那些有经验的人谈条件的时候，他们并不是被高薪所吸引的。有经验的人并不会从一家成熟的公司跳到一个不知名的初创企业的，唯一吸引他们的是未来潜在的长期收益。和对待创业元老们一样，你必须把工资和股票期权一起打包，来吸引他们。大多数人在初创企业的早期并不会行使他们的期权。他们通常会等到初创企业首次公开募股时才这么做。在那之前，并不会有现金流入或者流出发生，这就是为何你可以给大概的数字打个折的原因。

其他事项

对于其他需要的条目，按照游戏规则检查能够帮你走得更远。尽量抓住细节，这样你的预测就会更加准确。根据你的创业项目的业务特性，这些事项可能包括以下几方面。

- **执照**。研究一下你都需要哪些执照。它们可能挺贵的，会对你的现金流规划产生重大影响。
- **装修**。你租的地方可以直接进驻吗？需不需要做些装修来适应你的业务需求？如果需要的话，你至少得和三个承包商寻求报价，当然，越多越好。
- **物业费用**。选了几个可能的租用场所之后就去和那里的物业管理公司问一下物业费大概是多少。
- **市场营销**。市场营销主要有两个类型：一是线下营销，包括宣传单、广告牌、焦点团体座谈等；二是线上营销，包括搜索引擎优化、谷歌广告等。你需要花费的成本取决于你的目标市场和预期销售额。购买线下营销材料的时候，用 1.1 的比例是比较合理的。例如，如果你的目标市场数量是 10 000，那么你就需要买 11 000 张宣传单来保证完全覆盖目标市场。
- **产品开发**。这个和工资以及实验室 / 车间的租金密切相关。可能会很贵。用于开发的材料也很重要。
- **服务器租金**。对于互联网初创企业来说，服务器租金这样的事项就很重要。你需要去寻找报价。

融资现金流

现金流入——负债和股权

募集资金的两个主要方法就是通过负债和股权。负债可以是银行贷款或者从 FFF（家人、朋友和傻瓜们）那里借款。股权可以是个人持股（你的个人资金注入）或者是你给天使投资人的用以交换投资的股份。负债和股权是你从融资中获得现金流入的主要来源。有些现金流可能是在你创业初期集中注入的（如果你在这个阶段就能够成功地筹集到资金）。而有些资金也可能是通过不同渠道分散注入的，这取决于你的现金流计划。举例来说，在项目启动的时候，你获得的资金是 5 万元。到了第 12 个月，当你的现金流规划中的现金流已经走低了的时候，你可能又收到另一笔 5 万元。

给创业者的警示

融资获得的现金流入可能是你唯一可以确定的现金流入了。没人能预见你的销售额是否能够与你的预测相符，也没人能控制不可预见的情况发生。因此，为了应付突发事件，你需要准备比率为 20% 的应急资金。当你去找风险投资人寻求资金的时候，为了应急，多预估出 20% 的资金来应急是可以接受的。

资金流出——利息支出和股息

利息支出是很直接的。如果你以 5% 的利率向银行借款 10 万元，利息需要按年支付，那么，在年底你就欠银行 5 000 元的利息。要想得出目前的利率，你可以查一下新加坡银行同业拆借利率（SIBOR），或者直接去银行问一下他们的利率。

但是，股息率是由你和风险投资人协议约定的。以下是在和潜在投资人谈判时你需要问他们的问题：

- 你想要固定股息吗？
- 如果是的话，你希望股息率是多少？支付安排如何确定？
- 能允许我把它记为应记股息，是否可以在公司首次公开募股时再予以支付？

依据上述问题的答案，你在融资方面的现金流出会有所不同。例如，如果他们允许你直到首次公开募股时再支付股息，那么在那之前你都不需要担心股息的问题。融资部分的现金流入如图 6—2 所示。

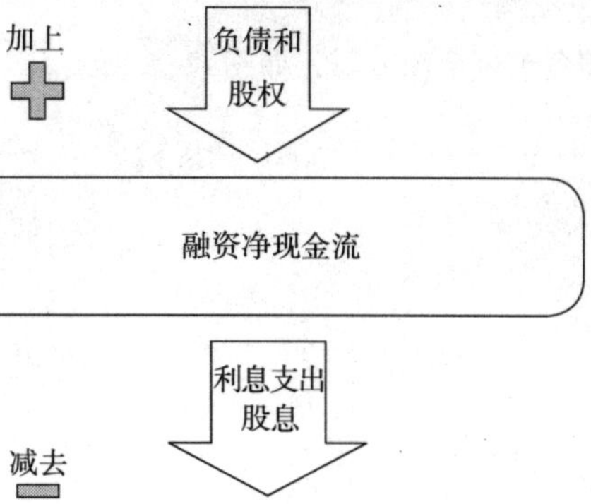

图 6—2　融资部分的现金流入图

投资现金流

现金流入

通常情况下，对于一家初创企业来说，在投资活动中获得的现金流入是少之又少的。可能会从定期存款中获得一点点现金流，但是大概就这些了。初创企业通常不会有盈余的现金来收购或者投资到银行债券等项目上。

现金流出

有些现金流出是以资本支出的形式产生的。资本支出是当购买固定资产或者现有固定资产使用寿命超过应缴税年份而发生增值时发生的。你的公司购买一个物业，这就是资本支出。但是如果你仅仅是租用这个物业，那么这就是一项营业支出。因为你租用的时候，并不是购买一项固定资产。如果你不确定一项支出是不是资本支出，那么就问问你自己这些问题：

- *我是在购买一项固定资产吗？*
- *我是否是在增加使用寿命超过一个应缴税年份的现有固定资产的价值？*

根据你公司业务性质的不同，这部分可能会产生大小不一的现金流出。尽管如此，在通常情况下，初创企业会避免采用资本集中的商业模式，因为这种商业模式需要大量现金而且风险极大。基本上，与经营现金流相比，这部分的现金流并没有那么大。

汇总各项现金流

现在我们将各项现金流汇总，如图 6—3 所示。

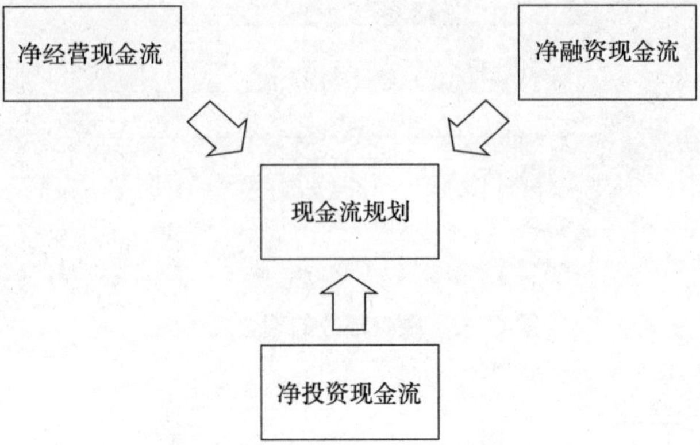

现金流计划 =

净经营现金流
+ 现金流入：销售额
现金流出：成本（租金、人力、执照、设备、其他费用）

净投资现金流
+ 现金流入：数量极小
现金流出：资本支出

净融资现金流
+ 现金流入：负债和股权
现金流出：利息支出，股息

图 6—3　各项现金流汇总示意图

现在你对未来三年业务发展情况有了一个全面的认识，你可以更好地掌控你的财务状况，并且能更好地说服别人来给你投资。下面的这些方法可以进一步帮助你做出更好的现金流规划。这些方法并不只对风险投资人有用，对你也一样。

· **向重要客户分配更多的资源。**好好细分你的销售额，找出重要客户，或者哪一家分店的业绩最好。举例来说，如果百盛是鞋子的最大买家，那么你就得多分配一些资源给他们，以保证他们未来能一直光顾。资源倾斜的方法包括为专门雇用一名员工来负责维护与百盛的客户关系。

· **削减最大的支出**。仔细研究你的成本构成能够让你获得很多信息。你可能会注意到公司在差旅费用方面的支出过多。如果是这样的话，就得再看看这些差旅费用是不是都是必需的。这些支出对你的销售额贡献很大吗?

· **利用有利的信用额度条款**。下面是两个案例，展示了如何获得有利的信用额度条款。

案例 A

创业者以 15 天的偿付期条款购买了一些原材料。这些原材料用于制鞋，然后再以 60 天的偿付期条款将生产的鞋子销售给一家大型鞋业公司。这样的话，创业者需要在第 15 天向原材料供应商付款，却只能在第 60 天才能收到鞋子的销售货款。在第 15 天和第 60 天之间，创业者需要用初创企业的现金储备来支撑，或者寻求新的现金注入。这对这个创业者可不是什么好的情况，实质上相当于他无偿地向那家大型鞋业公司提供了借款（毕竟他在这 60 天的偿付期中间没有获得任何收入利息）。

案例 B

创业者以 60 天的偿付期条款购买了一些原材料。这些原材料用于制鞋并且以 15 天的偿付期条款将产品销售给一家大型鞋业公司。那么创业者只需要在第 60 天向供应商付款，而他却在第 15 天就收到了鞋子的销售货款，并且这笔货款的金额应该高于原材料款，不然就会产生亏损。这样他手头就总会有鞋子的货款，可以保持一个良性的现金平衡。这对于创业者来说就是一个很好的状态，他很好地利用了现金收款周期。

然而，利用有利的信用额度条款需要你有过往的业绩以及与上下游企业保持良好的关系。例如，如果你的产品很容易被替代，那么你的买方，也就是那家大型鞋业企业，就会很容易去找到一家可以提供更长偿付期的供货商。

甜点

你是否应该对你的现金流规划抱有乐观的态度呢？既然你的项目看上去前景特别美好，这么做能不能对你争取到风险投资有所帮助呢？实际上，事情可能并不是你想象的那么清楚明了，你最好还是保持一个平衡。

案例分析：乐观是把双刃剑

肖恩是那种你未见其人就久闻大名的人。在创业者和风险投资人中间，他一直小有名气。最打动我们的是，和其他那些没什么过往业绩的创业者不一样，肖恩有着辉煌的过去。他曾经是一位意气风发的企业高管，在一家财富 500 强公司工作，工作顺风顺水。尽管他刚 30 岁出头，但公司 CEO 遇到什么复杂的事情都会向他咨询，并且会把最有收益的项目交给他来做。从来没听说过谁这么年轻就能被委以如此重任。

当肖恩宣布他将离开公司高层管理的舒适职位开始创业的时候，在创业圈引起的轩然大波并不让我感到意外。我们都震惊了。为什么要放弃一个相对轻松的六位数年薪而选择一个痛苦和辛劳的、充满不确定的未来？为什么要放弃一个有着无限发展潜力的职业？我记得我和同事讨论过肖恩，我们得出的结论是他肯定是有一个万无一失的商业计划，没有人能比过他。这个商业计划肯定会是像视窗或者苹果那样，实现这个商业计划的收益肯定远远高于他现有的那个轻轻松松的职位，尽管他在未来甚至有机会成为公司的高层。在听到这个消息后，给我的感觉就像比尔·盖茨要离开微软去开发视窗系统，然后再带着辉煌归来一样。

所以，当我在雅加达的一个仅限投资人参加的会议上看到肖恩的时候，我已经听说了很多关于他的事情了。他果然不负众望，当他有机会在台上展示他的项目时，他的确把我们全部人的目光吸引了。

他在台上的表现让我觉得像在看大卫·莱特曼或者拉里·佩琪的脱口秀。他有那种不露声色却能让人切实感受到的自信，让人不由地想起了史蒂夫·乔布斯。通过他回答问题的表现，你就知道他彻彻底底地做了全面的研究调查。他的数字都是精确到小数点后两位的，他对行业情况了如指掌。演讲结束，每个人都想认识他，包括我。事实上，我邀请他参加一对一对话，让他给我们好好解释一下他的商业计划。他同意了，飞来了新加坡。办公室的每个人都非常期待这次对话。到目前为止，我们看到的和听到的东西，都让我们觉得我们手里这位是未来的马克·扎克伯格。

他的游说演说完全征服了我们，就像在雅加达时一样。我能看出来，肖恩打动了我的同事们，他们非常愿意深入研究投资的可能性。随后我们进入到下一步，问了肖恩的财务计划。

这时候我们有点意外。他的现金流规划超乎寻常地乐观，几乎到了不可信的地步。肖恩想在第一年就达到盈亏平衡。不仅如此，他预计自己的销售额在第二年就会翻番！

“嗯，”我说，不知道该如何打开话题，“肖恩，我们非常欣赏你的演讲。它是我们看到的最好的演讲之一。”

“谢谢！”他回答道。

“但是，有一件事我们不是特别清楚。”我试探着说。

“是吗？我可以再解释一下。”

“你的现金流规划看上去非常乐观。我想知道你将如何在第一年就达到盈亏平衡，又在第二年就让销售额翻番呢？就我们所知，大部分创业项目都需要两年才能到达收支平衡。”

“我了解了，”肖恩平静地说，“但是我们和其他项目不同。如你所知，我曾在一家大型公司供职。我们的很多客户都是大型跨国公司，他们都表示即使我创建自己的公司，他们也会继续与我合作的。”

“是的，这也是我在你的销售额分析中所看到的。有四家跨国公司承诺会转向你的创业公司，对吗？”

“是的，”他自信地说道，“事实上，这并不只是口头承诺。他们已经和我签了合同。这正是为什么我对自己的预测很确定的原因。”

“我知道了，”我说，“但是我来说点意外情况，如果这些跨国公司临时变卦怎么办？你该怎么弥补销售额的损失？”

“我们再找更多的客户就行了。”他坚持道。

就在这个时候，我开始感到不确定了。我们和肖恩说了谢谢，把他送了出去。在这次会面之后，我们立即集中在一起开会，就肖恩的现金流规划预演了几种可能的情境。

在肖恩的商业计划中没有详尽地解说有哪些很可能达成合作意向的客户。唯一比较肯定的就是在之前工作上认识的那四家跨国公司。

我和同事们在肖恩的案例上进行了激烈的争论。有些同事支持他，而有些同事和我一样有着相同的顾虑。由于通过口头讨论无法达成一致的决定，我们决定做一些敏感性分析来对肖恩的商业模式进行压力测试。例如，我们假设每年的租金会以5%的比率上涨。

“等一分钟，”我说，在几乎全部团队成员充满期待地注视下，把表格中的数字改了一下。在新加坡的经营成本日益增加的情况下，在肖恩的现金流规划中增加每年5%的成本并不是什么过分的事情。

这一小变动的影响是巨大的。在看到仅仅5%的冲击就使数字由黑变红的时候，我的同事们都惊呼了出来。的确，租金的增加会使项目无法运行。对我们来说这是一个不用思考的选择。我们立即拒绝了这个投资机会。

这步走错了吗？我们是错过了下一个马克·扎克伯格了吗？故事的结局有苦有甜，苦了肖恩，甜了我们。在他给我们做了游说演说后不久，另外一个风险投资基金投资了肖恩的公司。但是据说金融危机严重冲击了与肖恩合作那几家大型跨国公司客户中的一家，导致他们不得不退出。

这严重影响到了肖恩公司的销售额，公司运营不到一年就关门大吉了。不管他曾经的业绩有多么辉煌，不论他曾用怎样的个人魅力吸引到投资人的投资，都无济于事。这不过又是一家试图创造奇迹却灰飞烟灭的初创企业罢了。

我和很多其他的投资人和创业者聊过，他们都觉得肖恩的公司倒闭真是太可惜了。就像创业界的旗舰沉没了一样，让其他小的创业者们感到希望渺茫。连肖恩的公司都没办法生存下去，又有谁的公司能呢？

但是他们不知道失败并不是因为肖恩没有经营技巧。我们也不能责怪市场，因为每家公司都得应对市场的风云变幻。

故事寓意

失败的原因可以归结为他过度乐观的现金流预测。如果肖恩能够更现实一些，经营策略不那么激进，而是以一种可持续的方式发展，那么他就可能撑过金融危机，成为下一个扎克伯格。遗憾的是，过度乐观成了在背后捅死他的那把刀。

第 7 章

如何成功地推销你的创业项目

前菜

如何能够在拥有很少的资源甚至在没有资源的情况下成功地推销你的项目呢？什么是促使小型初创企业成长为成功公司的催化剂？

很多创业者做着创世大爆炸的梦——梦想着有一天，他的公司能够成为业界明星而被人们津津乐道。但是他们忘记了很关键的一步。在创世大爆炸前，必须先造出声势。

造势就意味着要拥有在市场营销初期就能取得成功的能力。假设我们有一个优秀的团队、杰出的产品以及很好的市场。现在，你最需要的就是让你的品牌脱颖而出。没有造势的过程，消费者们就不会了解你的产品，更不可能去购买你的产品。如果他们不买你的产品，创业项目又何谈成功呢？

对于局外人来说，创造出使项目横空出世的声势看上去就是一夜之间的事情。但事实上，这通常需要花费几个月的艰苦努力。内行人都知道这些，但是普罗大众并不知道，因为大家能看到的都是那些成功的公司。

赢家是那些奋力前行的人。他们知道作为创业者的路途不会有尽头，所以需要不断地朝着目标努力。他们坚持走好每一小步，从而积累成大的声势。所以当他们的产品推出以后，立即就会拥有一种公信力，而这种公信力会持续不断地推动销售额的增长。

“中等生”明白他们需要造出大的声势，但是并不知道如何造势。不管怎么尝试，他们就是不能取得成功。所以即使他们的产品很不错，他们还是在为跳出一家初创企业的框框而挣扎。

失败者知道造势很重要，但是却没有全局观。他们并不是把造势当作提高销售额的手段，而是觉得造势就是终极目标。他们在造势上面花费了太多金钱，甚至都影响到了现金流。因此，他们的创业项目通常在一年以内就失败了。

主菜

造势可以归结为你该如何打造优秀的媒体广告（如图 7—1 所示）。

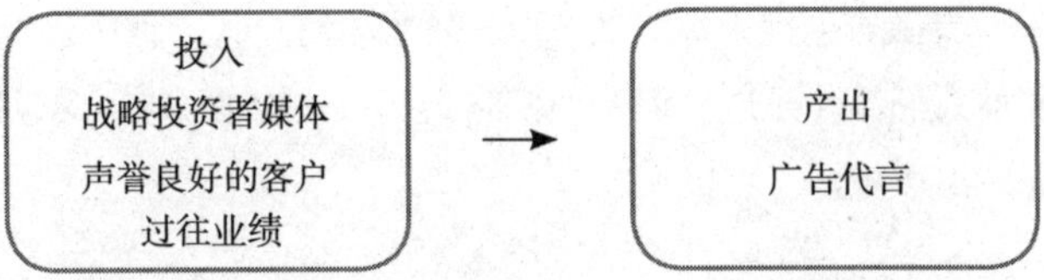

图 7—1

为什么媒体很重要？假设你签约了曼联足球队，它成为了你的客户之一，这样就算是造出声势了吗？并不是这样的。这并没有形成声势，因为这则消息还没有传递给媒体，或者传递的媒体不对，完全没有任何影响。举例来说，如果你把这条新闻给了缅甸的媒体，而你的主要客户都在新加坡，你和谁签约都没有用，问题在于它根本没有让正确的人知道。所以，你需要考虑以下这几个重要的问题。

- 你的目标市场是哪些人群？

- 接触到目标人群的最有效途径有哪些？是电视、报纸还是社交媒体？
- 你想传递什么样的信息？
- 你的预算有多少？你有接触到目标人群的资源吗？

总体来说，你必须有爆炸性的消息通过媒体传达出去。你传递给媒体的信息是什么？构成大声势的核心是什么？

然后，你必须选择最好的媒体类型来爆出这个爆炸性的消息。同时，你还得考虑好你的预算、资源以及你目标市场的消费者行为。

最后，你需要知道如何找到实现你设想的特定媒体形式。你不仅要保持消息的连贯性和一致性，还需要维护好与媒体的关系。有时候，媒体并不是完全可控的。可能会有独立记者写些关于你创业项目的东西。你该如何保证他写的所传递的正是你想要的东西？

第一步：你提供的内容是什么

在你造势之前，你需要确定要传递的内容是什么。即使你想在广告上投入 100 万元，你还是需要告诉广告商你到底想做什么广告。可以传递的内容分为以下几类。

- **战略联盟**。你是否正在与知名的公司或投资者合作？你是否获得过像李嘉诚一样著名的投资人的投资？或者与政府有合作关系？战略联盟对于还没有时间建立过往业绩的初创企业来说非常有用。这更像你潜力的指示计，因为联盟意味着其他名人或者知名机构对你的创业项目有信心。如果你还没有建立起自己的声誉，那你就得借别人声誉的东风。
- **著名客户**。如果你浏览一些公司的网站，你会注意到很多公司的网页都填满了客户的 Logo。战略联盟和著名客户的主要区别在于著名客户展现了你在销售产品或者服务方面取得了哪些成绩。这意味着你已经开始经营活动了，并且已经在某种程度上获得了成功。
- **过往业绩**。几乎所有的创业项目都想夸耀一下自己过往的业绩。这里包括很多名目。对于有些人来说，过往业绩意味着服务过的客户数量、获得的奖项或者一些成功案例。举例来说，某些教育中心拿成绩为 A 或者考取知名大学的学生数量作为自己的过往业绩，并用它来做广告。而另一些则可能关注公司的竞争优势。举例来说，Facebook 在最初开始创业的时候，定位于仅仅为美国名校学生提供社交网络服务。这种专属性曾经是它最早的卖点之一，因为学生们对新网站都很有兴趣。

• **广告代言**。广告代言也是被广泛应用的宣传技巧。例子不胜枚举，比如贝克汉姆和周杰伦给百事可乐做代言。但是广告代言有一个问题——成本太高。对于初创企业来说，准备足够的资金来寻找足以产生影响力的广告代言几乎是不可能的。但是这也不是说就完全不用考虑广告代言了。有一件只有创业者中的赢家们才会意识到的事情——你可以获得免费代言。这很简单，一个成功代言的秘诀就是代言人要名声在外。很多创业者都认识著名人士。例如，如果你上过大学，那么你肯定和教授们有联系。为什么不让这些教授来给你的创业项目代言呢？只要他和你的业务有关系，就值得一试（比如，你可能正在销售一个计算机程序，而这个程序最初正是从一个大学项目开始的）。记住，成功的创业者正是那些能够白手起家的人。

可能还有其他需要宣传的内容，但是这些都归结为同一个问题——你的公司到底为什么重要？你要一直牢记这个目标。这些需要宣传的内容都是用来支撑这个总体目标的。

因此，你不必纠结于到底有哪些内容需要宣传，你可以用上面的框架来仔细想想自己有哪些资源。大部分初创企业都没有我们上面提到过的那些可以宣传的内容。但只要你有点相关的东西，就可以以它为基础，构造出自己的宣传内容。

第二步：如何把信息以最好的方式传达出去

这听起来是个非常简单的问题，但是你会惊讶于有多少人把它搞错了。他们没有思考对自己的业务来说什么才是最好的，而是直接选择最贵最浮夸的方式。在做决定之前，你应该不断地问自己下面这些问题。

• **你的目标市场人群是哪些？**这个神奇的字眼再次出现了——市场。随着讲解的进行，你会越来越清楚地看到，市场是最最关键的。从市场的基本数据上，我们能够推断出最好的目标。而一旦我们有了最好的目标，就可以开始着手研究消费者行为数据了。

- **接触到目标人群的最有效途径有哪些？** 电视、报纸还是社交媒体？确立目标市场以后，你就要开始制订吸引目标市场的计划了，因为不同的目标客户群有着截然不同的品位和偏好。例如，如果你的目标市场是老年人群体，用社交媒体就显然不是明智的选择，因为老年人中间只有一小部分会把浏览社交媒体作为闲暇时间的活动。

即使选择好了要用的媒体类型，你还需要进一步研究，做出更多的选择。假设你选择了杂志，那么就要问问自己哪本杂志更适合你的广告？你是想要一个像《经济学人》这样更学术的杂志？还是一本更适合你的目标市场的文摘画报？

- **你想传递什么样的信息？** 这和你的目标市场以及接触到目标市场的方式有关。你必须想好要传递什么信息。举例来说，一个高端品牌和一个普通品牌要传递的信息肯定截然不同。高端品牌不会过多地关注社交媒体这样接地气的方式。相反的，高端品牌会选择做一个看上去很贵的网站。而另一方面，如果你想营造一个更亲民的品牌形象或者业务形态，社交媒体或者报纸就是最好的选择。
- **你的预算有多少？** 你有达成这个预算的资源吗？记住你在这方面一定会受限制。举例来说，电视和报纸肯定有最高的受众群，所以能够接触到更大的市场。但是问题是，你能负担得起吗？这类广告的费用通常会达到5到6位数，而且并不适用于每个初创企业。如果你没钱做这个，那么就问问自己有没有什么人际关系。有时候认识了对的人就能让你以零成本进入传媒的世界。

甜点

如果有人极力推荐你的商业计划，这是否意味着成功唾手可得？我们见过很多创业者，他们也都有很好的推荐人，但我们一样把他们拒绝了。有人举荐的确可以帮你走进门，但是并不能保证你就会成功。

案例分析：疯狂的广告计划

我们见过一位创业者，他完全不知道该如何表达自己的产品信息。他身处保健品行业，想做的是有机健康补剂的生意。当我们在别人的推荐下看了他的商业计划书之后，决定给他一次机会。

他描述自己的创业项目时，说出来的整体策略简直一团糟。他的产品本该属于高端类型，但是他却雇人在大街上分发免费的试用品，以此作为广告宣传活动的开始。

他说到这些的时候，我们开始面面相觑。这就是一个大大的警告。如果你的产品定位是高端产品，那么为什么要在大街上随便分发免费样品呢？你可没看到过香奈儿在街上发免费香水试用装吧。高端品牌通常会有策略地选择店址，比如高端商场，来彰显自己的品牌定位。

随后，他又开始谈论寻找一位明星为他的产品做代言的计划。

“我有人脉。”他骄傲地说。

“好吧，”我说，“但是请明星得花很多钱，对吧？”

“这钱花得值啊！”他坚持道。

在我们看来，他完全没有什么指望了。不仅没有一个清晰的品牌战略方向，他还完全没有意识到签约一个明星做代言会给他的现金流带来严重的影响，而且还无法保证能够有足够的销售额回报。这简直就是一个疯狂的广告活动。

我们没有和他继续接触。但是，听说最近他花费了巨额资金请了咨询师来给其品牌进行重新定位。我们觉得这可能也不会是他最后一次需要重新塑造自己的品牌。

故事寓意

有著名人士来推荐你的商业计划会有所帮助，基金经理认为举荐你的人应该考量过你的项目。但是推荐只能给你一次发光的机会。如果你无法说服风险投资人你的确有实力的话，那你的商业计划一样会被放弃。

第三步：塑造形象

大部分创业者很清楚纸面上的内容并不一定能在现实中实现。你可能已经按分钟计划好了广告大纲的细节，但还是会出问题。

很大一部分问题出在与外部人员的沟通上，这个外部人员会负责最终完成广告并交给媒体。但由于他并不是团队内部的成员，因此无法了解一些秘密的信息或者和你的理念存在差异。

和那些负责报道你项目的独立记者或新闻工作者打交道是一个更大的难题。假设你的创业项目已经获得了一些免费的报道。这很有价值。很多人会看到报道，从而让提高初创企业的信誉度。但是如果这些报道不是正面的，那么还不如没有。接下来的问题就是，你该怎样做才能保证媒体报道符合你的广告策略呢？

传达好的信息

记者的工作就是找到有趣的故事。所以，你需要从这个角度去思考。别光想着你的项目和你的团队，还要考虑到如何满足记者的需要。如果不这么想，那你的故事就没法写下去，记者就会开始偏离轨道，寻找一些能引起读者兴趣的细节。所以，你得为记者准备好你的故事，试着从最有意思的角度来准备。提前准备好引人入胜的故事，分享它们。你必须时刻准备着推销自己。

从积极的一面想问题

一个好的创业者总是知道该如何把每个故事都打造成积极正面的。这个技能非常重要，因为你需要在媒体面前保持一个正面的形象。一旦你的形象被毁，想改变就很难了。但是，什么是“从积极的一面想问题”呢？

失败者可能会这么想：

我正面临人生中最大的挑战。好几个员工离职，因为他们无法承受这么大的压力。公司的销售额在减少，而成本却在增加。我无法确定能撑多久。

看了这个负面的陈述，还有几个消费者会对他的项目充满信心？你愿意买一家要倒闭的企业的东西或者服务吗？当然不愿意。这就是为什么你需要从积极的一面去想问题。每家初创企业都面临压力。没有一家初创企业敢说他们就一定能做下去。所以，过度强调这些负面细节并不起作用。应该将目标集中在谈论你手头的资源如何解决问题上。赢家会这么说：

和每个创业项目一样，我也经历了起起伏伏，这使我们成长为一个团队，更好地服务于我们的客户。我们的管理团队正为明年制定了一个全面策略，以进一步推动我们销售的增长。

要知道他们描述的是相似的情况，但赢家并没有抓住目前的不利情况不放，而是谈论了公司未来将如何应对。这会使情况变得大不相同。如果你是客户，你会对哪个项目更有信心？当然是赢家的。这就是赢家之所以成为赢家的原因。

和媒体保持良好关系

保持良好关系十分重要，特别是和媒体人打交道的时候。这是一个基本的事实，如果他们能更好地了解你和你的项目，那么他们就会作出更好的报道。

换位思考一下你就知道我们的意思了。假设你有两个客户。一个除了一个电话访谈以外从未和你说过话。而另外一个和你进行了无数次的聊天，还带你出去吃了几顿饭。你会为哪个客户更卖力写报道呢？当然是第二个了。这都是因为关系，你们的关系不仅决定了记者了解你的信息量，也决定了他在写关于你的项目的报道时的热情。我们认识的一些创业者中的赢家，他们在这方面往往做得很好，以至于记者们甚至愿意在报纸发行前把文章给他们看看，这样有任何问题都可以及时修正。

所以，不要把媒体当成为你服务的。他们是你项目的合作方，你需要拿出时间来维护和他们的关系。没有这种关系的建立，你希望传递出去的消息可能就不能按你的意愿传达给大众了。

准备好胡萝卜

再说一次，记者和媒体人也有他们自己的动机和目的。基于这个原因，你需要准备好胡萝卜——用来激励他们好好干。

举例来说，决定记者是否成功的一个因素是信息。记者需要获得及时准确的消息。当记者们报道你项目的时候，几乎不可能采用“突发新闻”的方式，这个报道可能只是一个花絮新闻，用来填补报纸的空间。毕竟，你的公司还只是一家初创企业。因此，你需要找个办法给这些记者一些激励来让他们尽可能地按照你的想法来做报道。一个办法是让记者相信你会是一系列有趣报道的来源，如果他还想要更多的报道的话，你能够帮他联系到其他已经有所建树的企业。

你还可以承诺只向某个记者提供报道的材料，这样在某种程度上就是独家报道了。这都是记者们珍视的激励方式。多花点儿时间在你的记者身上，找出他觉得什么有价值，看看你能如何满足他的要求。就像你希望记者能满足你的要求一样，作为交换，你也要适应他的要求。作为初创企业，你必须记住：和记者需要你比起来，你更需要他。

创业者快速自我评估

- 你了解你的目标市场吗?
- 你清楚客户群体的消费者行为吗?
- 哪一类的媒体能最有效地接触到这些客户?
- 你为媒体营造了一个怎样的形象?
- 你为广告做好预算了吗? 例如，你制定好最高花费的额度了吗? 还是让它与销售额相匹配?
- 你花时间和报道你项目的记者建立良好关系了吗?

甜点

有可能一分钱不花就能为自己公司造出一个大声势来吗？一个创业中的赢家用事实告诉我们这是可能的。

案例分析：不花钱造声势

除了传统的投资——只为了盈利而投资——政府也会向社会性企业投入大量的资金。社会性企业和其他企业相同，只是他们同时也向大众提供福利。所以当为社会性企业投资时，风险投资基金也要考虑到无形的社会效益。例如，你把多少人带出贫困的处境？又比如，通过提供教育机会，你帮助了多少弱势群体？

要平衡财务收益和社会效益是件非常困难的事情。但是在任风险投资基金经理的时候，我认识了一位杰出的创业者——霍华德。他不仅创立了一家社会性公司，而且几乎是用零成本做到的。这其中就包括给公司造声势。当其他创业者们在努力缩减成本的时候，霍华德就做到了免费获得服务。他是怎么做到的？

霍华德是一位非常富有激情的社会性企业创始人，拥有非常耀人的背景。他是一位教授，在商场上也是各家公司追逐的对象。尽管如此，当他开始创办自己的企业时，也是白手起家。他的背景并没有给他带来任何好处。没人在意他曾经是一位教授或者曾经取得过什么业绩。为什么？现如今这样的人有成百上千。随便进入一间办公室，你就能找到一个非常优秀的人才。霍华德没什么了不起的，他自己也很清楚这一点。他还知道，他的创业项目——帮助弱势群体成为创业者，报纸是最好的宣传手段。报纸拥有广泛的受众群体，能够提高他项目的知名度。举例来说，如果一家独立报纸报道了他，他可以把这件事写在业务文书上，就像那些食品小贩们把关于自己报道的剪报粘在摊位上，向消费者们展示自己已经非常著名了一样。

霍华德希望让自己看起来与众不同。“我需要做点特别的事儿，做点能抓住眼球的事，必须是能上报纸的那种。”他告诉我。

“你想怎么做？”我问道。

“我得做点儿看上去不可能的事儿，”他说，“这是唯一能够吸引注意力的方法。”

我怀疑霍华德能不能做成这件不可能的事。他只是刚刚起步，手头资源少之又少。我觉得他至少得花两年的时间才能做出点让报纸趋之若鹜的事情。但是我错了，他仅仅花了不到一年的时间。

几个月后，他又来找我，告诉我他成功地把一名清洁工培养成了一个创业者。现在，这位前清洁工挣得比之前多五倍。这是一个非常喜人的成绩，我感到非常震惊。我以为他毫无疑问能造出大声势来。毕竟，他已经创造了奇迹。各种报纸都非常感兴趣。但是，我又错了。霍华德开始接触不同的记者。他根本不在意到底是哪家报纸。他只想要一名记者。

“你看，”他说，“我要的并不多。如果只能有一份报纸报道我们，不管是哪份报纸，我就可以以此为契机做出文章来。我只需要把一只脚迈进大门里。”

看到他这么努力，我也试着帮他找认识的记者。但是，他是对的。主流报纸对他并不感兴趣。他们有很多事要做，很多事情要报道。即便故事在我们眼里非常吸引人，对他们来说还是不够好。

最后，唯一一家愿意报道霍华德公司的报纸是一家小报。它的读者数量很小，但是霍华德并没有气馁。“就像我说的那样，这只是一个垫脚石，”他坚持道，“让我们开始大干一场吧。”

文章终于在小报上发表了，让他高兴的是，文章引起了很多读者的兴趣，他们纷纷打来电话进行咨询。大家都想知道他是怎么做到的。如果他能够改变一个清洁工的人生，那么他还能再做些什么？他能帮助其他的弱势人群吗？他为什么不扩大项目规模？

声势已经造好了，火苗已经燃烧起来了，霍华德对进一步动作更加笃定了。在清洁工身上获得初次成功之后，他在六个月内又成功地帮助了另外三名生活穷困的人。其中一个甚至加入了他的项目，成为其他人的导师。我不得不说，每次收到霍华德的电子邮件，总是有他又取得大进展的消息。大部分创业者们都在为到达一个里程碑而艰苦努力着。而仅仅一年时间，霍华德已经远远超过了其他的创业者们。他无疑是个赢家。

在取得了许多突破之后，终于有一家著名报纸派来了一位记者在读者数量更多的周日版面报道了霍华德的项目。这足以把霍华德的项目推到了新的高度。

他成功了，他没花一分钱就造出了声势。完全没有任何广告花费。他也没有找哪个明星代言。他所做的就是在正确的策略上面倾注心血和汗水。他完全依赖自己的业绩并且和记者们建立了很好的关系。不到两年时间，他就造出了大声势。

故事寓意

你并不一定要花很多钱去造声势。有时候一点创造力和不知疲倦的工作比什么都更加重要。

第 8 章

风投，风投，看我这儿

前菜

想要获得风险投资仅仅是递交一份申请表格，然后回家等回复这么简单吗？如果你觉得自己的主意妙极了，可是却没有回复怎么办？你该如何做才能让风险投资人在几千份申请中注意到你的商业计划呢？

我们在第 4 章中详细讲解了吸引风险投资人注意力的方法。在本章中，我们将深入分析如何让投资人关注你。为何这个如此重要？

例如，你今晚想出去吃，但是你不想去那些你总去的饭店。你周围有成百甚至上千的饭店。你该怎么选择去哪家呢？即使你已经决定了吃哪国美食，比如泰餐，还是有很多家店可以选。再比如，你只有一个小时的时间来做决定，没有办法从细节上分析每一家饭店的好坏。你该怎么办？大部分人都会问一下朋友或者上网看看有关附近泰餐厅的点评。然后你会去那家大家推荐最多的泰餐厅。

同样，你可以把这个当作思考的捷径。在时间有限、资源有限的情况下，我们没有时间去评估每个可能的选择；否则，我们永远无法做出决定。

这几乎和风险投资人所面临的情况一样。作为基金经理，我们当然希望能够全面评估每一个投资机会。而现实情况是，我们每周都会收到上千份申请，办公室都要被投资申请淹没了，我们根本没有时间去看每一份从门缝里递进来的商业计划。因此，当我们做投资决策的时候，八成交易都是由我们在行业内的熟人推荐过来的，这个比例是具有压倒性的。我们之所以选择这个方法，是因为我们觉得通过此种途径送到我们手上的商业计划已经从某种程度上被筛选过了，可能相对质量会高一些。那么不同的创业者们该如何克服这种阻碍呢？

创业者中的赢家并不惧怕这个阻碍。当传统的在线递交商业计划的方法不能奏效的时候，他就会快速转换方法，试试其他能够让他的商业计划脱颖而出的方法，比如寻求杰出人士或者公司的推荐。他耐心地寻找每一个向风险投资人推销自己商业计划的机会。

“中等生”知道他需要吸引风险投资人的注意，但是却不知道该怎么做。他的方法都不奏效，比如，把商业计划做得更花哨，每过个把月就去风险投资那里跟进一下进展情况。如果他幸运的话，他就能获得个机会。但是大部分情况下，中等生们什么也得不到。

失败者根本没意识到他用的传统方法并不总会奏效。他不停地发送商业计划，还纳闷自己怎么收不到回复。结果，他连当面介绍自己想法的机会都没有，更别提把它付诸实施了。

你该怎么做才能成为一个赢家呢？你该如何冲破阻碍，抓住这一次机会让自己取得辉煌呢？本章接下来将告诉你该怎么做。

主菜

获得风险投资人关注的秘诀是做点特别的事，当然这事也必须是正面的。事实上，你做的每件事都应该满足这个条件。还记得我们是怎么讲解管理层和过往业绩的重要性吗？所有这些都是构成整体形象的一部分，这个整体形象会让风险投资人这样想："好的，让我们给他一次机会吧！"

到这个阶段，你手头应该已经有了足够的材料，并且准备好要给风险投资人留下深刻的印象了。现在你需要找到接近风险投资人的方法。这也是很多创业者一筹莫展的地方。根据经验，让风险投资人好好看看你的商业计划最有效的方法就是想办法和他们进行一对一的接触。下面是几个方法。

策略一：参加会议

如果想吃到世上最好吃的意大利面，你最好到它的诞生地意大利去。那里有很多做意大利面的餐厅，而意大利面又起源于意大利，所以，在那里你完全可以找到非常好吃的意大利面。

按照同样的逻辑，你就会知道该在哪里寻找风险投资基金以及其他那些你可以向他们学习的成功的创业者了——创业者会议。

创业者会议是结识业内人士的简单方法，因为会议上会有很多创业者和风险投资基金经理。这既有优点也有缺点，会场人太多时，结识对你有用的人，比如基金经理、首席执行官和首席运营官等职位的人就更难了。无论如何，这都是一次很好的学习机会，而且人们确实把参加会议作为创建人际关系网络的起点。

你在网上很容易就能找到创业者会议的信息。但是，有太多这样的会议，并且参会都是要交费的，你需要筛选出适合你自己的。你需要关注以下几点细节。

- **会议类型**。某些会议只针对特定类型的初创企业。举例来说，高科技创投（Techventure）只针对科技类初创企业。因此，你需要决定你对哪一类的业务有兴趣。
- **主题报告发言人**。看看出席会议的主题报告发言人的简历。他们与你的创业领域相关吗？你能从他们身上学到很多东西吗？你还需要看看自己是不是和他们有相似的地方。举例来说，如果你们上的是同一所大学，你就能在参加会议之前直接和他们联系上。

• **会议规模**。你希望见到许多创业者还是就喜欢小型的会议？你要知道大型会议总会有大人物参加。如果想参加那些有高水平发言人的小规模会议，你可能需要支付更多的注册费用。

• **参会成本**。某些会议的注册费可以达到几千元。你需要看一下自己的预算能否承受这些注册费，再决定要不要参会。你要记住，你是一家初创企业，和那些已经站稳脚跟的公司相比，可能并没有那么多的现金。

在本章的附录中，你可以找到包含更多细节的网站，在这些网站上，有更多关于会议的信息。你还可以找到将于来年举行的会议的高水平综述。

你一旦决定要参加哪些会议，接下来就需要按照如下步骤准备参会了。

• **名片**。打印一些专业设计的名片。你可以把名片分发给会议上遇到的各界人士。这是商务礼节的一部分，也是让那些希望和你建立联系的人能够联系到你的方法。

• **着职业装**。即使别人都穿休闲装，比如T恤和牛仔裤，你也不能穿。你要时刻注意，衣着要正式，确保自己穿着正装。如果你一开始就邋邋遢遢、衣着不严肃，就别指望别人严肃地看待你。第一印象非常重要。

• **背景调查**。你需要调查主题报告发言人，参加一些论坛，去和那些参加相同会议的其他创业者们联络感情。目标是做到旗开得胜。如果你能在会议开始前就找到某些关系或者稍稍迈出一步，那么你就为自己赢得了一个微小但却重要的领先优势。

• **问问周围的人**。桌面调查和实地考察区别很大。举例来说，大学也可以组织内部论坛，比如麻省理工学院风险投资和私募股权俱乐部。但是，这种组织并没有像你在谷歌上找到的会议那么公开，所以进入的唯一方法就是和圈内人士交谈。向经验丰富的创业者们请教也是一个很好的主意。

• **准备好游说你的项目**。你只有这一次机会向风险投资人展示你的创意。多多准备，认真准备！

如果你已经试过了，而参加会议的办法并没有取得效果，那么别担心，还有别的策略可以用。一定要有坚定的信念，不要放弃。

策略二：坚持不懈地收集信息

参加会议可能并不适合每一个人。会议上可能有太多的人围着风险投资人，让你根本没有机会直接和风险投资人谈话。出于这个原因，很多人都以为，要接触到风险投资人就得有一个强有力的关系网。这并不准确。

有很多创业者都是白手起家的，他们也创造出自己的一片天地。他们和你面对着同样的障碍。但是他们是如何成功的呢？他们意志坚定，没有被失败打倒，而是更加努力。不仅如此，他们能够更聪明地运用自己的坚定意志，提前收集好信息。

第二个方法是了解风险基金经理的背景以及他的喜好，最重要的是他的时间安排。但是你该如何做呢？做到这些又能帮到你什么呢？

甜点

在试过很多个会议却没有任何收获，在发了上百份的商业计划却没有回应之后，瑞贝卡似乎已经用了尽自己的聪明才智。但是，她并没有放弃，而是又用了一个办法，把自己变成了一颗当今亚洲上升最快的创业之星。我们见面时，她分享了自己的故事，告诉我她是如何在去了趟星巴克之后就赚了大钱的。

案例分析：星巴克里赚大钱

瑞贝卡是一名年仅 27 岁的创业者，此时，她正看着那块贴满自己的目标和进度的里程碑布告板，双手抱头，简直要把手指插进自己的脑袋里了。到现在为止，她已经创业将近一年的时间了。但是她的数据和创业时间并不匹配：

提交申请数：32 次；
回复数：10 次；
拒绝数：10 次。

瑞贝卡无法相信。她布满血丝的双眼紧盯着眼前的图表，这是她自成为创业者那天起就开始做的。她可以接受被拒绝10次的现实，但是为什么有22家创业基金甚至根本没有回复她的申请？为什么连个回应都没有？她已经跟进很多次了，但是毫无效果。

她揉了揉被肩上的重担压得酸痛的脖子。她的团队开始质疑她的领导能力了。太长时间没有任何结果了，她在想是不是应该就此放弃。但是，这种想法一出现，她就立即把它从脑海里抹去。

“不，不，”她揉着自己的脑袋说，“我需要找到一个办法。”她从冰箱里拿出一包冰，边躺下边把它放在额头上，开始思考。她需要想出一个新策略。这完全正确。但是她到底能做什么，又该怎么做？

她想起一件事，一个朋友仅仅是在一家大银行外面日夜等候就获得了一个实习的机会。他每天七点半前就穿好笔挺的西装，站在门前诚意满满地等待首席执行官。首席执行官一出现，他就冲上去试着和他接触，哪怕只有几秒钟的时间。当然，最初首席执行官完全不在意他，但是经过几周的时间，首席执行官目睹了这个年轻人的决心，最终心软了，决定给这个年轻人一个机会。

这个场景在瑞贝卡脑海里回放了好多次。当她最初听到这个故事时，她觉得这个年轻人简直是疯了。要不这故事就是假的。谁能做这种事，而且做这么久？但是现在，她走投无路了，开始考虑也尝试一下这个办法了。也许这办法有用呢，她想。毕竟，她也没什么可失去的。风险投资人最多也就是拒绝她。就算那样，她也算收到一个回复了。

但是，她该在哪里等呢？她该找谁？突然之间，瑞贝卡从床上蹦了起来。这个主意燃起了她的热情，她迫不及待要试试这个有点疯狂的方法。振作起精神之后，她迅速过了一遍那些还没有回复的风险投资基金的记录。

她有了一个主意。找不到首席执行官不要紧，她可以先去找中级分析员搜集一下首席执行官的信息，然后再确定自己的策略。和中级分析员们做朋友要比找那些总被创业者们围绕着的高管层容易得多。她知道这也得花点儿时间，但是为什么不试试呢？她反正也没什么可失去的了。

她迅速翻看在无数次会议上收集到的名片，找到了一些中级分析员的电子邮件和邮寄地址。她用颤抖的手指给找到的每一个中级分析员发了邮件，邀请他们喝杯咖啡或者吃顿饭。此时已经是夜里一点了，瑞贝卡一点儿不觉得累。她只想抓住一点儿希望的火星，每发一份邮件，这希望就又变大了一点儿。

瑞贝卡太累了，不知不觉睡着了。当她醒来的时候，发现已经收到了几个回复。“好的，”分析员们回答，“咱们在哪儿见？”

瑞贝卡用这个办法敲开了通往风险投资基金经理内心的大门。最初，瑞贝卡就像一个学步的孩子一样跌跌撞撞。她不知道该说些什么，不知道该如何对待那些分析员可以让他们更愿意分享信息。但是，每见一次这些分析员，她就进步一些。到最后，她就像一部上好润滑剂的机器一样能够游刃有余地应对每次的会见。信息不断涌来，有了这些信息，她未来的策略就越来越清晰了。

整个过程用了几周时间，但是瑞贝卡最后搜集到了足够的信息，可以直接去找风险投资人了。她知道一家大型风险投资基金的首席执行官每天下午三点都会去星巴克咖啡厅休息一下。她还知道这位首席执行官很赞赏那些全身心投入的创业者，而且会相对愿意接受在喝咖啡的时候被瑞贝卡打扰来游说自己的项目。最重要的是，她还找到了和这位首席执行官的共同点，可以在聊天的时候聊聊共同的话题。

她在星巴克咖啡厅里等了几个星期，都没有和这位首席执行官说上话。每次看到他，她的肾上腺素水平都急速上升，她紧抓自己的文档，做好上前的准备。但是运气总是不太好。有时候，他正和别人聊得起劲儿，而有些时候，他就直接告诉瑞贝卡自己太忙没时间。还有些时候，她连上前去问一下的机会都没有。

但是瑞贝卡没有放弃。这是她剩下的希望不多了，她会抓紧不放的。第三个星期，她和星巴克的咖啡师成为了朋友，提前付了这位首席执行官的咖啡钱。“请告诉他，他的咖啡我请了。”她请求道，把钱递到他们手上。

这确实有作用。当这位首席执行官掏出钱包付钱的时候，星巴克的咖啡师告诉他已经付好了。他惊讶地抬起眉毛，环顾四周，瑞贝卡就上前作了自我介绍。“请给我一次机会，我只想占用您五分钟时间，让我给您介绍一下我的商业计划。”她诚恳地说。

他皱了一下眉，看了看表。“谢谢你请的咖啡，但是我赶时间！”首席执行官说。

她往前逼近了一步，“您随后要去哪？我送您去，我付出租车费。”

他注视了她两秒钟，被她的坚定弄得不知所措。没等他回答，瑞贝卡就冲出星巴克叫了一辆出租车。她打开车门，招呼这位首席执行官。“我在车上给您讲。”她说。

他给了她一次机会。在寻寻觅觅一年之后，瑞贝卡终于获得了第一次向首席执行官介绍自己创业项目的机会。他很喜欢她的主意，让下属继续跟进。几个月后，瑞贝卡成功地获得了长期以来梦寐以求的投资。

当她成为一位成功的创业者之后，这位风险投资人才告诉她，当时他的司机正在等着他，那天他并不需要坐出租车。他上了出租车的唯一原因是他被她的坚定意志所打动了，他也想在自己投资的创业者身上看到这种意志。

坚定意志拯救了瑞贝卡，但是这并不是盲目的坚定。她每步都计算好了，她搜集信息，运用了定向的方法。一旦这个方法对了，她只需要继续坚持，直到获得机会。这才是真正赢家的标志。

故事寓意

坚定的意志能够让你实现目标。你只需要不断努力获得风险投资人的注意。他们第一次可能注意不到你，但是如果你足够努力，最终会取得成功的。

策略三：找个推荐人

还有一个办法不需要你花几个星期的时间在星巴克安营扎寨。即使你没办法和风险投资基金的首席执行官直接联系上，你也可以找到那些认识他的人，尽管这也并不容易。这个策略是找一个重要人物推荐你。在这里，“重要”的意思指：

- 合伙人级别的律师或者会计师，他们应当具有丰富的风险投资和融资经验；
- 风险投资人投资的其他创业公司的创始人；
- 和风险投资人有关系的教授们；
- 和风险投资人关系紧密的知名人士。

如果他们为你做出了担保，风险投资人就更容易给你机会。要记住，这并不是对你商业计划投资的保证，而只是给了你一个游说的机会。

在寻求某个人帮助前，你需要达到两个基本标准：首先，他们得愿意帮忙。这是说，他们必须喜欢你。所以，要确保你已经建立起了一定的关系，多磨炼自己的社交技巧；其次，他们必须在你身上看到一点潜力。支持一个失败的创业者无疑是对他们判断力的否定，所以他们不会推荐一个注定会失败的创业者。最终，在有人愿意为你担保之前，你必须证明你自己的价值。在理想状况下，他们会发一封包含下面这样句子的电子邮件：

> 这是在我 20 年初创企业法律工作中所看到的最令人感兴趣的公司！
>
> 这些学生简直是天才。我敢说他们是史蒂夫·乔布斯和比尔·盖茨之后最好的创业者。

如果你能拿到这个，你基本上就可以获得一个当面向风险投资人介绍自己创业项目的机会了。你一定会成功地获得他们的注意的。

策略四：展示自己的成功

如果你尝试寻找推荐人但却失败了，那就试试另外一种办法——展示自己的成功。你没有获得推荐的原因可能是由于你找的人没有看到你的潜力。

在这种情况下，你可能只剩一个选择了，那就是你需要展示自己的成功。

一旦取得了某些成绩，你就可以回去找风险投资人或者你曾经试图寻求推荐的那些人。但是，这次你的电梯游说会更好：

我朋友和我一直在我们家的后院写程序，没有任何收入来源。我们创建了一个网站，访问量每月都翻一番。30 天之后，就是现在，我们的日访问量已经是 25 万了。

这段话证明了：

- 你能用少量的资金让项目走得更远；
- 到目前为止你的项目初具规模了；
- 消费者们已经开始感兴趣了。

也许这只是针对我们而言，但我们确实喜欢那些善于展示出自己真实业绩的创业者，而不是那些在领英网站上通过朋友联络找到我们的创业者。领英直接为你提供了联络方式。所以如果你有了实质性的业绩，那为什么要藏起来？试试你的商业计划有多厉害，看看你是不是有实力成为下一个扎克伯格。

创业者快速自我评估

- 你和每个与风险投资基金有联系的熟人朋友都联系了吗？问过他们的建议了吗？
- 你上网搜索在你周围最近有没有创业者会议了吗？
- 你认识的人中有能向风险投资基金推荐你的人吗？
- 你有没有花足够的时间来建立关系网？
- 你的创业项目有没有什么里程碑式的业绩可以用来展示？
- 你用坚持不懈的意志力尝试了每一条可以走的路了吗？

甜点

这是另外一个富有创意的创业者的故事，他用一种不同寻常的方法让我们看到了他的商业计划，这是很多学生不曾想到的——通过教授。

案例分析：被忽略的教授

在学校的时候，大部分学生都会把注意力放在分数上，很少想别的事情。但是阿兰不同，当他还只是个大二学生时，他就开始考虑自己创业了。他这么做是非常聪明的。

阿兰明白光靠学习和上课只能给自己带来一份稳定的工作，但是他还想要更多。他看了很多有关杰出企业家的故事，十分崇拜像史蒂夫·乔布斯这样的人。他的志向并非要成为一名公司职员，他想要创建自己的公司。所以，在年纪很小的时候，他就开始在商业世界试水，看看自己能不能把热情转化成收益。他的想法之一是设计手机应用软件。他把几个计算机学科专业最好的学生集中在一起，和他们一起头脑风暴。软件一上市就大受欢迎，阿兰想让业务迈上新台阶，但却缺乏资金。

他听说过风险投资人。他知道风险投资人包括像彼得·泰尔这样的天使投资人，但并不太清楚这个系统是如何运转的。他没有盲目地直接进入申请阶段，而是退后一步，制定了一个策略。“既然我不太了解风险投资人，”阿兰对自己说，“那么我就去找一个了解的人问问。”

那时候的阿兰还很年轻，他没有什么朋友，和风险投资人的世界也没有什么联系。但是他没有气馁。“我至少还是个大学生，”他随后说道，“至少我有获得学习资源的途径。”

他做的下一件事就是查看下学期的课程列表，研究每位授课教授的背景，直到找到了一位在电子商务领域非常有建树的教授。不仅如此，这位教授还是一位经验丰富的风险投资人，是几家公司的董事会成员。阿兰深入调查了一下，发现很多公司都是这位教授曾经的学生创建的。

阿兰立即选了这门课。如果有谁能教他一些行业知识，那么无疑这个教授就是最佳人选了。他有经验，不仅如此，教授之前学生们的业绩也表明他有能力也有意愿为他们提供帮助。

阿兰热情高涨地去上每节课，全身心投入到课程作业上。他没偷懒走捷径，表现非常活跃。其他学生们对作业能躲则躲，他却经常问有没有额外的任务和指导。当他和教授建立起牢固的关系之后，阿兰就开始邀请教授出去吃饭喝咖啡了。

“你为什么要浪费时间啊？来和我们一起玩儿吧。”阿兰的朋友们劝他。大部分人都觉得他是个只想用全部时间来做作业的废柴。“不，我不去了，你们去吧。”阿兰每次都这么回答。他知道他的朋友会因为他总是宅在家里而瞧不起他。但是他目标明确，他知道他的努力会有回报的。

在这一年里，阿兰从这位教授那里学到了大量关于创业和风险投资基金的知识。教授也开始觉得他是一个有着巨大潜力的学生。当他们的关系更加亲近的时候，阿兰就顺理成章地向教授谈了自己的手机应用软件项目的想法，教授给了他很多建议，还联系了可以帮助阿兰优化这个软件的人。

这种建议的价值是不可估量的。但是教授后来做的事情更加令人惊讶。在阿兰没有请求的情况下，教授就安排阿兰为我们做了一次项目展示，我们通过这次展示认识了阿兰。因为我们很了解教授，我们同意和阿兰吃一顿私人晚餐，在晚餐上，我们更进一步了解了阿兰的产品和抱负。结果，阿兰真的给我们留下了很好的印象，于是我们给他的项目投入了资金。

故事寓意

没有教授的帮助，这一切会发生吗？直到今天，阿兰坚信是这位被同班同学们所忽略的教授改变了自己的人生。当其他同学聚会时，阿兰正忙着向教授学习，而教授最终帮助他获得了风险投资人的关注。最后，阿兰成了一名成功的创业者，而与他同班的其他同学只剩下对他的成功好奇的份儿了。

附录

如果你对参加创业者会议感兴趣，你可以关注表 8—1 中所列出的网站，这些网站是通过搜索以下关键词获得的：

- 会议 + 活动 + 创业者 +（你所在的国家）；
- 风险投资基金 +（年份）+（你所在的国家）；
- 风险投资基金 + 会议 + 论坛 +（年份）。

表 8—1 有关创业者会议网站介绍

网站	内容
www.techinasia.com/tech-startup-events/	"技术亚洲"网站提供很多关于科技和初创企业活动的日程信息。这是一个宣传初创企业和科技相关活动的免费平台。最晚注册时间是活动前两周
http://sventurecapitalista.org.sg/event/	新加坡风险投资和私募股权基金协会（SVCA）是一个总部在新加坡的非营利机构，致力于通过举办本地和海外的活动来提高风险投资和私募股权基金的知名度，这些活动包括为会员组织研讨会或者培训。网站上的活动日历版块包括了 SVCA 所支持的丰富多彩的活动信息。网站上的新闻室版块链接里有丰富的文档，读者可以找到新加坡国内国际有关风险投资的最新发展和相关新闻
http://vcinasia.com/upcoming-venture-capital-events-in-asia/	亚洲风险投资提供在亚洲风险投资界即将举行的最新活动信息。而且，网站还会提供亚洲风险投资界最新发展消息的更新
www.avpn.asia/events/avpn-events/	亚洲公益创投网（AVPN）是一个总部在新加坡的非营利组织，会员遍布全亚洲。大部分消息、资源以及活动都是关于公益创投的。资源专栏提供了有关公益创投的很多教育文章以及案例分析

（续表）

网站	内容
www.mycapital.com/companies/venturecapitalassociation_national.php	这个网站为初创企业和私人风险投资人提供接触的平台。初创企业可以通过资本直通和贷款直通版块接触到全球的银行家以及投资人。全球范围内的风险投资组织列表版块为寻求风险投资的创业者们提供了有用的信息
www.boogar.com/resources/conferences/venture_banking.htm	这个网站向处于各种阶段的创业公司提供了细致而全面的服务。目录分类清晰，按用户需求分组，使搜索目标明确。举例来说，会议部分可以按时间顺序或者行业类别分别筛选。目录中的所有公司都注明了公司名称和地址。不仅如此，大部分公司名称可以直接链接到公司网站上
www.vaconline.com/resources/conferences/index.asp#.uomcznAwobB	“在线风险投资搜索”（vcaonline.com）是风险投资人或私人资本公司达成业务的在线门户网站。但是，查看它们的在线数据库 VCPro Database2013 是需要付费的
www.icbi-events.com/fliter/Asia	国际业务信息中心（ICBI）网站展示了该组织承办的活动。这些活动主要是国际性的。这个网站的优点之一就是它不是简单罗列出活动名称，而是提供了该项活动前一年的概况以及活动参与者和组织者在活动上会有什么收获
www.linkedIn.com/groups/venture-Capital-conference-2013-4255673	这是一个在线的领英小组，风险投资人在这个小组中分享信息及会议细节
www.smu.edu.sg/events	现在，这个网站没有任何活动。但是，这个网站过去会组织客座教授的论坛，讨论创新和创业。这些论坛都是向公众开放的

（续表）

网站	内容
http://capitalonstage.com/about/#conference	Capital on stage 网站主要服务于投资人。这个网站举办封闭式聚会，在聚会上 20 位投资人向由初创企业代表组成的听众演讲。听众是从具有巨大发展潜力的初创企业中挑选出来的，大部分都是公司创始人兼首席执行官。这个会议花费很贵，投资人需要为会议支付 1 200 美元
www.peimedia.com/events	网站的大部分活动是由 PEI 组织的。会议主要定位于提供具有教育性和互动元素的活动。会议主题主要包括私募股权基金、基础设施、房地产以及私人债务等非传统资产。网站中的活动列表提供了活动日程和可能的参与人

第9章

风投，风投，你别走

前菜

你做到啦！你成功地吸引了风险投资人的注意力。他们接受了你的商业计划，他们说他们很喜欢你的计划。那么现在是时候开香槟庆祝了吗？

不是。一旦你获得了风险投资人的注意，你就得开始想下一步该怎么做了。你如何保持这种关系？哪些步骤能保证你达成获得风险投资的最终目标？

赢家知道离庆祝还早着呢。在签约之前，获得风险投资基金都不是板上钉钉的事情。其实直到项目实现盈利之前，都不能算作成功。所以，赢家会集中精力打好下一步的基础，而不是去做一些毫无意义的庆祝。

“中等生”有能力获得风险投资人的关注，却在保持这份关注上失败了。他满足于所取得的成果，认为投资人对他感兴趣就等于会给他投资了。他偶尔也会试着让投资人保持这份兴趣，但是他的努力并不是很奏效。由于他的疏忽，和风险投资人的关系最终破裂了，创业项目失去了一个宝贵的获得风险投资的机会。

失败者甚至都不会考虑去和风险投资人建立关系。当风险投资人同意听他的项目游说之后，他已经跑去俱乐部庆祝了。这种短视最终的代价是项目失去了一次宝贵的机会。

主菜

当你以为获得风险投资人的注意就已经到达了道路尽头的时候，其实你面前已经有了一个新的任务。你该如何保持这个良好的势头？你该如何保证自己能够把简单的兴趣转化成一个确定的承诺？

事实上，秘诀非常简单。和其他任何关系一样，你需要投入精力和时间。把风险投资人当作你的女朋友或者男朋友，这样你就知道该怎么做了。为什么你要这么来看待你和风险投资人的关系呢？是因为这两种关系其实非常相似。总而言之，风险投资人并不能简单地打个响指就决定给你投资的。在整个过程中，他也需要投入很多精力，其中包括向上级展示你的公司以获得投资准许。如果他需要展示你的公司，他就需要了解你的公司，要了解你的公司，他就需要投入精力。

如果你把他晾在外面，他就会面临两个问题：首先，他无法获得足够的信息来说服他的同事，告诉他们你的公司是一个明智的投资目标；其次，没有了信息，对于你的公司是否值得投资，他自己都没办法说服自己。这里的道理非常简单，这道理也适用于生活的其他方面。你会买一个自己并不太了解的东西吗？应该不会。是否有一个推销员没有与你交流就能成功地把产品卖给你？肯定没有。所以，交流十分关键。让我们更直截了当一点，要留住你的女朋友和男朋友最关键的三个要点是什么？我们把与之相应的三个基本的策略罗列在下面。

保持日常联系

这是理所当然的，但是你会惊讶于有多少创业者在和风险投资人最初接触后就在雷达上消失了。如果你遇到了梦中情人，你肯定会倾尽全力去与之保持联系。对风险投资人也应同样如此。如果他们找不到你，他们就会觉得你没有兴趣。更糟糕的是，风险投资人会觉得这反映出创业者的跟进技巧不足。

和风险投资人联系的合理频率是每两周一次。我们这里说的联系不是只简单地发个电子邮件或者打个电话，还包括邀请风险投资人喝喝咖啡、吃吃饭。有时候，只有直接面对面的接触才能表达出你的诚意和向风险投资人学习的意愿。最好的方法就是能够比较平均地使用以几种联系方式：

- 打电话；
- 发电子邮件；
- 发短信；
- 面对面交流。

但是，你不仅要确保自己不会一次给太多的风险投资人发送自我介绍的电子邮件，还要保证你的联络频率不会高于每两周一次，如果关系好的话可以每周一次。这其中的原因在于，风险投资人可能会被你频繁的见面邀请弄得不耐烦。如果风险投资人之间互相交流，关于你的不好的信息就会传播出去，从而影响你公司的形象。

用适当的语气

如果方法不当，与风险投资人保持联系也会擦枪走火。你需要注意的另外一件事就是和他们联络的时候要使用正确的语气。

就像你可能会对另一半过分关爱一样，对潜在的风险投资人，你可能也会这样。最关键的就是要注意正确的措辞，表达出一种适当的礼貌和诚意。有些创业者错误地认为有人推荐了就可以不用花费太多力气，其实并不是这样的。接近 80% 的投资项目都是来源于可靠的行业内推荐，所以被推荐的商业计划再平常不过了，并不是什么例外情况。一旦有风险投资人注意到你了，你就需要想出办法让自己脱颖而出。写一些水平不高的电子邮件可不是什么好办法。你可能会感到惊讶，但是我们经常会收到一些我们十分看好的创业者写来的低水平邮件。下面就是一个失败者的电子邮件：

某某你好，

谢谢你接受了我的领英好友申请。我是 A 公司的创始人 B。我们几个月前在哪哪见过，见到你非常高兴，你对业内情况的熟知程度令我惊讶。如果可能的话，我希望能与你见上一面，聊一聊我们的公司。

希望能够收到你的回复。谢谢。

祝好，

B

为什么说这是一封低水平的电子邮件？原因如下。

- **跟进太慢**。这个电子邮件是在创业者见我们之后几个月才发送的。这表示他没有什么诚意，很有可能我们已经忘记了这个创业者。风险投资人比一般创业者参加的会议要多得多，我们会见许多人，所以最好尽快跟进。这表示你很有诚意，而且是在风险投资人记忆还鲜活的时候找到他们。
- **缺乏针对性**。创业者完全没有针对风险投资人设计自己的电子邮件。看上去他可以把相同的电子邮件发送给 100 个风险投资人，因为这份电子邮件太一般化、没有针对性。创业者试图通过提及风险投资人熟知行业情况来使自己的电子邮件看上去有些特别，但是他需要再努力一些。这句话对每一个风险投资人都适用。与其突兀地将那句话放在电子邮件里，倒不如提及一些与个人相关的具体事实来说明这个论点。例如，他可以引用一个这个风险投资人之前和他提过的案例或者个人经历。这样既表达了更多的诚意，又可以帮助风险投资人回忆一下你到底是谁。
- **语言 / 语气**。这位创业者需要明白，与风险投资人对他的需要比起来，其实他更需要风险投资人。因此电子邮件的语言和语气都需要更谦虚和尊敬一些。作为开始，创业者应该写完整的句子、避免拼写错误。即使那些最小的错误也会让风险投资人对你的公司失去信心，特别是当他还不太了解你的时候。

那么，赢家的电子邮件是怎么写的呢？让我们结合上面几点，重新写一下这封电子邮件：

尊敬的某某先生，

十分感谢您能够接受我的好友邀请。我不确定您是否还记得我，我是A公司的创始人B，我们在昨天的创业者会议上见过。

和您的谈话虽然简短但是很有启发，我学到了非常多的东西。特别是被您曾经作为一名创业者的故事所打动。我甚至不能想象您是如何在一年之内成功地把一家三明治连锁店经营到销售额达到5 000万元的水平。我不得不说，作为一名刚刚开始创业的人，您的故事给了我巨大的动力继续在这段充满挑战的路上前行。

我知道您肯定很忙，但是我不知道有没有机会可以邀请您吃顿饭或者喝杯咖啡。我非常希望能够再多听听您的经历，向您学习更多的东西。这将是我的荣幸，任何时间任何地点都可以。

希望能够得到您的回复。再次非常感谢您和我分享您的经历，周末愉快！

祝好，

B

注意到这封电子邮件更加礼貌更加私人化了吗？如果一封高水平的电子邮件都不能让你获得见面的机会，那么一封低水平的邮件就更不可能了。

让他们对你始终保持兴趣

最后，你必须让风险投资人对你始终保持兴趣。如果你想要和他们交流的事物不能引起他们的兴趣的话，那么和他们保持交往也是毫无意义的。

创业者倾向于在刚开始交流时夸大自己的公司，特别是那些失败者更愿意这么做。的确，在一开始就能赢得风险投资人的关注非常重要。但是要记住最开始你提到的越多，后来你能提的就越少。而且如果你没有可以吸引人的地方，那你就有可能失去风险投资人的关注以及随后获得投资的机会。

想想那些让人上瘾的电视连续剧。它们是如何抓住观众的注意力不放的？最基本的技巧就是总会有新的剧情发生。角色永远不会保持稳定。这一幕中，发生了一起抢劫或者凶杀案。下一幕，就会有一个英雄出现来拯救世界。随着剧情的发展，你开始了解这个角色，有些人甚至会爱上这个角色。这恰恰是你想给风险投资人造成的效果，让他在你的这段旅程中投入感情，觉得自己和你的项目息息相关。

如果最开始就把所有的事情都告诉风险投资人，这就像在他们还没看电影之前就把结局告诉了他们一样。相反地，你要试着营造出和电影前期宣传一样的效果来，就像那些介绍电影和电视剧的宣传片段。它们一般会披露故事的精华部分和为什么你会想看这部电影，但是却不透露更多的细节以及结局。

一旦你完成了这一步，接下来，你就要不断发展出新的剧情来。拿电影来做类比，这就可能是上面提到的一起抢劫或者凶杀案。但是，在商业世界，这最好是一个充满挑战但最后还是达到了某个里程碑的故事。

挑战

是的，你可以和风险投资人谈论你的项目所面临的挑战。举例来说，你可以说你在造势上遇到了一些问题，希望能够得到指导。这么做的具体方法可以是向风险投资人说明你用过哪些办法以及这些办法的效果。当然，为了让你的说法具有说服力，你之前必须用心地试过这些办法。

这么做会表现出你的勤奋。用一些亲身经历过的故事来展示你的努力也很有帮助。你为此投入的精力越多，风险投资人就越愿意给你提供建议。

里程碑

当你获得建议之后，你就要把它们用在扫除面前的障碍上。如果这些建议真正帮你克服了这些障碍，那么恭喜你，你就有新的里程碑了，你可以和风险投资人来分享你的里程碑了。

举例来说，你可以写信感谢风险投资人的建议，让他知道自己的建议帮你取得了一定的成功。这样做的效果有两个：首先，风险投资人会知道你适应能力很强，对好的指导抱着开放的态度；其次，风险投资人会感到和你的创业旅程有了关联，他也通过提供建议在你的创业过程中扮演了一定的角色。

随着时间的推移，你要让风险投资人感觉自己是你创业项目的一部分。他越这么觉得，就越可能卖力地把你的项目作为投资建议来推荐给决策层。

底线是你必须营造出势头良好的印象。必须有成长的标志和里程碑。

创业者快速自我评估

- 你在见过风险投资人之后几天内就跟进了吗？
- 你是否有很规律地管理你的信息披露，以确保风险投资人始终对你的项目保持兴趣？
- 你能够写出具有针对性的电子邮件来表达自己的诚意吗？
- 你是否做到了至少每隔两周就提供业务进展更新的信息？
- 你有没有持续创造新的进展以保持风险投资人的兴趣？
- 你是否做到了让风险投资人觉得自己是公司成长的一部分？

甜点

我们听说，一位创业失败者非常幸运地获得了一些显要人物的支持，把他推荐给几个风险投资人。但是，他最终却没能够成功借力。为什么？

案例分析：冲进下水道

俗话说，物以类聚。风险投资人也是一样。大家在相同的行业里，我们彼此之间相对别人更有共同话题，也会经常聚在一起共进午餐。我就是在这种午餐上听到了一个名叫佩里的年轻人的令人难以置信的故事。尽管他拥有别人没有的优势，但他还是失败了。

佩里的最大优势是他拥有好几位显要人物的支持，这些人给他推荐了各种各样的关系。不仅有风险投资人看他的商业计划，还有帮他把项目付诸实施的全部必要关系。这些关系愿意为他提供更低的价格甚至是补贴，因为他们相信推荐人的能力。所以，他的财务预测成本很低，看上去非常漂亮。他还有可能依靠更多的关系带来合同，这就为稳定的销售额提供了重要的保证。单纯从数据角度看，他根本没有失败的可能。

“佩里带着一份来自一位顶级商业人士非常有力度的推荐信找我。能和他共事我非常兴奋。但是说起来你可能都不信，”我的朋友格雷格告诉我，“佩里最后却成为了失败者中的一员。”

“什么？”我惊呼道，“但听起来全世界都在帮他啊！”佩里的确拥有每个创业者都梦寐以求的资源。

“他曾经被推荐给考虑购买他产品的一家大型机构的首席执行官，”格雷格告诉我，“但是他却没有跟进。”

“为什么？”我问道，“这是每个创业者的目标啊。大部分时间里，我们的财务预测都是基于假设的。如果有人真正能够提前签订一份合同，那么就可以真正证明他的销售额预测是确定的了呀。风险立即就会减小很多！”

“你不会相信是为什么吧？”格雷格微微笑着说道。

“他不小心冒犯了这位首席执行官？”我问。

“差不多。但是，我说的是他甚至都没有费劲去跟进，”格雷格说道，“我试图说服他要抓住机会，因为我对投资他的公司很感兴趣。但是他没有听我的。”

我无法想象这样的场景，当有人把东西用银盘子递到一个人面前，而这个人却拒绝了。

“他太自大了！”格雷格说道。

“什么？”我问，“自大和这个有什么关系？”

“他觉得他可以自己找到合同，不愿意接受推荐。所以他根本没有在意。”

我简直无语了。那天我点了一份鲜嫩多汁的牛排，但是听了这个故事之后，我都没有食欲了。如果我投资的公司有这样的帮助，那他们现在早就崛起了。为什么这位佩里先生，就这样把大好机会冲进了下水道呢？

“这还没完呢，”格雷格继续说道，“佩里不仅没有去找那位首席执行官，而且他开始和这家公司的总经理接触。”

“什么？”我问道，“总经理的级别更低啊！”

“这正是我和他说的话，”格雷格说道，“但是他还是不听我的。总经理有点儿刁难佩里，我一直建议他直接去找首席执行官，但是他根本听不进去。”

我摇摇头。说实话，我真不知道该说些什么。就像在听一个人仅仅是因为不喜欢厨房就把一顿昂贵的大餐扔到垃圾桶一样。

“哦，对了，”格雷格说道，“后来，我在一次活动上碰到了那位首席执行官。他告诉我他确实和佩里联系了好几次，让佩里直接找他本人而不是去找那位总经理。”

我吃了一小口我的牛排，但是它已经冷掉了。

“想听听他是怎么对待其他风险投资人的吗？”格雷格笑着说道，“我保证你能惊讶得晕过去。”

“不用了，谢谢。”我说。“我已经都没食欲了。”

故事寓意

像佩里这样的创业者的确存在，他们败在最基本的问题上。最终，他没有充分利用关系的原因是他们根本没有花心思去维护这个关系。不论你是太骄傲，还是缺乏这方面的技巧，都没有关系。如果你无法维护好关系，那你就无法获得投资。

第 10 章

你的公司值多少钱

前菜

现在你已经到了谈判桌上了。你该如何保证你的公司获得最高的报价？风险投资人会使用哪些议价的方法来降低你的估值？你又该如何来反驳这些方法呢？

经过月复一月的努力之后，你终于坐到了谈判桌边了。风险投资人坐在桌子对面，脑袋里已经有了一个报价。此时你的脑袋里也有一个报价。但是，可以肯定的是这两个报价会有很大差别，所以，你做好讨价还价的准备吧。

最终要拿到你预想的那个报价几乎是不可能的。你要的价很可能太高了。但是，你能做的是尽可能拿到最接近你想要的那个价格。但是，这并不是单纯的英语辩论赛。风险投资人会用到你并不熟悉的术语或者语言，要想在这场比赛中打败他们，你就要准确地知道他们在说些什么。

在本章中，我们会讲解一些风险投资人在压低你估值时常常会使用的质疑手段。更重要的是，我们会指导你如何应对这些质疑。《孙子兵法》中已经把赢家的做法总结得很好了：

赢家：知己知彼，百战不殆；
“中等生”：不知彼而知己，一胜一负；
失败者：不知彼，不知己，每战必殆。

在这个阶段，大部分创业者已经对自己、对自己的公司都非常了解了。问题是要了解对手和风险投资人。我们就来讲解一下如何了解风险投资人吧。

主菜

谈到一般原则，与风险投资人谈判和估值的过程就像在市场上讨价还价。所以，不要让技术壁垒成为你的阻碍。此外，讨价还价既是一门科学，也是一门艺术。如果我们能够为我们估值的每一样东西规定一个不可变动的数字的话，那么每个人都可以成为富翁了。事实上，正如你将看到的，在估值时有些需要考虑的因素是无法定量的，记住这一点十分关键。

为了让你知道与风险投资人谈判，与平常的讨价还价到底有哪些相似之处，让我们首先来看看平时在市场上估值和谈判的过程。

是买正版的德瑞博士耳机还是去买更便宜的仿制版

尽管德瑞博士耳机现在非常流行，但它的缺点是价格昂贵。逛街的时候，我发现有很多耳机都和德瑞博士耳机很相似。我大致扫一眼，就会发现它们更便宜一些，价格在 80 元左右，但是我感觉它们还可以更便宜。真的德瑞博士耳机价位在 100 元。那么我该买仿制的还是原版的呢?

碰巧，我是一个很节省的消费者，所以我在做出决定之前想进一步做一些研究。我在决定购买前需要在哪些方面收集更多的信息呢？为了收集这些信息，我都做了什么?

- **质量**。我会问销售人员能不能试试这些仿制品，看看音效是不是和原版的一样。毕竟，看一个产品不仅仅要看它的外形，更要看产品的质量。

- **品牌**。然后，我问自己是不是在意仿制品上没有德瑞博士耳机的品牌标识。它们看上去很像。但是，我是不是真的在品牌标识上附加了价值呢？如果我的朋友们注意到我用的其实是复制品，那我会不会很在意？
- **替代品**。认真考虑了质量和品牌问题之后，我开始考虑是不是要再看看其他品牌。比如，声海或者 Bose 也生产非常好的耳机。所以我会去逛其他的耳机店，试试那些耳机。最重要的是，我查看了它们的价格，和原版德瑞博士耳机及其复制品作了比较。
- **潮流**。如果我是一个很在乎形象的人，而且如果我购买德瑞博士耳机是为了彰显我的形象，那么我就想知道德瑞博士耳机能够流行多久。它会一直都很流行而且成为一个经典的必买产品？还是德瑞博士耳机的热潮很快就会过去？
- **价格**。假设我决定买仿制品了。但是因为我可以和售货员讲价，我希望用尽可能低的价格买到它。我能用哪些论据来和他谈判呢？我该不该提自己在另外一家店看到了更便宜的耳机了呢？我该不该说仿制品和正版的价格差没有大到让我考虑买仿制品的程度呢？

当你看到我在买德瑞博士耳机过程中的纠结时，你或许会想到你自己。这就像是一种直觉，每次买东西和讨价还价的时候，我都会考虑这些方面。

没错，这就是我们想试图说明的，即整个讨价还价的过程就是凭直觉。风险投资人也是用同样的方式来谈判的，区别只是他们使用了不一样的术语和方法来谈。你不相信？那么现在，让我来告诉你上面的思考过程是如何被完全复制到风险投资世界里的吧。在下面的这个例子中，你必须把自己想象成要把价格尽量定得更高的销售人员，风险投资人则是要把价格拉低的消费者（在德瑞博士耳机例子里使用的那些名词会对应放在括号内供你参考）。

公司（质量、品牌）

在德瑞博士耳机的例子里，我们把耳机质量作为一个考虑因素。作为销售人员，你也可以依据自己公司的质量来与过低的估值（也就是风险投资人的报价）来进行辩论。你可以提到的内容包括以下几方面。

- **管理团队**。“我有一只优秀的管理层队伍，他们之前全部是财富500强的高级管理人员。在我们所在的细分市场里，哪家公司都没有这样的管理层队伍。因此，我们值得更高的估值。”
- **知识产权**。“我拥有一项价值200万元的专利。这也应该作为我们估值的考虑因素之一。”
- **发展阶段**。“和您提到的其他公司不同，它们都处于起步阶段，而我们已经有了两年的过往业绩，相信我们已经证明了自己的实力。因此，把我们和那些新公司相比，并给我和他们相似的估值是不公平的。”
- **市场吸引力**。“在这个市场上，我们可能是个新人，但是我们已经在一年以内成为了市场上排名第二的参与者了。我认为我们应该获得更高的估值。”

市场（潮流）

如果市场足够大并且成长迅速，那么在这个市场中的公司的估值就会比那些在较小的市场里缓慢成长的公司要高。这就像德瑞博士耳机的那个例子。德瑞博士耳机的市场热度是否是可持续的？还是只是一段时间的热点？将来消费者还会把德瑞博士耳机当作地位的象征吗？

金融市场（替代品）

在风险投资人的世界里，金融市场因素包括风险投资的需求与供给，还有同一地区内类似项目的报价。例如，如果你所在的目标市场的风险投资正在缩减，那么你就很难获得一个好的估值。这是因为如果你在寻求更高估值时过度施加压力，那么风险投资人就很容易选择别的投资项目。

对你有利的情形是风险投资人正急切地在你所在的细分市场上寻求可购买的公司股份。这意味着他们没有什么替代品，其他风险投资人也在为此竞争。在这种情况下，你就能获得一个更高的估值了。

价格

风险投资人会怎样来打压你的估值呢？因为价格因素非常重要，所以我们需要更加详细的讲解。

让我们再次用德瑞博士耳机的例子作类比。我们提到风险投资人压低价格的几个方式，比如：

- 把一个店里的仿制品价格与另外一个店里相同的仿制品比较；
- 把仿制品价格与正品进行比较；
- 把仿制品价格与其他替代品比较。

你会注意到，这其中的趋势都是要把仿制品价格与其他产品作比较。风险投资人也会这么做。你很快就会看到，他们经常会用市场上获得的比较数据来打压价格。

风险投资人如何计算估值

平日里的讨价还价和风险投资人估值以及谈判会有什么不同吗？当然会有。事实上，在谈判前，创业者都需要知道的一件事就是风险投资人是在说“交易前估值”（名义上的）还是“实际交易前估值”。

上述两者之间有很大区别。让我们来看一个标准的交易，你在交易前估值的 600 万元的基础上吸引了 200 万元的投资，从而使交易后估值达到 800 万元。大部分人以为持股应该如表 10—1 所示。

表 10—1

单位：万元

出资人	出资金额	股份
创始人	600	75%
风险投资人	200	25%

但是，这个理解过于简单，因为它没有考虑到以下因素：

- 期权池；
- 股权稀释。

什么是期权池？由于初创企业无法向人才支付太多货币化的资源，他们通常会以提供股票期权作为补偿。这就是为什么股份的一部分必须要用来以备未来雇用和挽留人才之需。

假设在融资前你要留出20%的股份作为期权池，股权结构就会如表10—2所示。

表10—2

单位：万元

出资人	出资金额	股份
创始人	480	80%
期权池	120	20%

在向风险投资人融资200万元之后，股权结构就有了变化，如表10—3所示。

表10—3

单位：万元

出资人	出资金额	股份
创始人	480	60%
期权池	120	15%
风险投资人	200	25%

你可以看到，风险投资人的200万元仍旧是买到了25%的股份。但是，你的持股却被稀释到了60%，而不是维持在75%。

每股的实际价格变成了4.80元而不再是6.00元，因为你需要留出25万份股票期权来为雇用和挽留人才做准备。这个算法是基于下述公式：

（600万交易前估值）/125万股

现在看到名义交易前估值和实际交易前估值的区别了吗？实际交易前估值是480万元，而名义交易前估值是更高的600万元。

为避免犯错，你需要和风险投资人确认你们用的是哪一种估值，是名义的还是实际的？只有先确定了这个，你才能继续研究实质问题——确定你的估值。风险投资有几种估值方法，下面是一些常见的主要估值方法：

- 市盈率；
- 营收倍数；
- 风险投资估值法；
- 有形资产净值；
- 风投行业平均数法。

和往常一样，我们将逐一讲解以上的方法。我们会从风险投资使用的一般方法开始介绍，然后在结束时，会告诉你如何在谈判中找到合适的应对策略。

方法一：市盈率

市盈率（价格收益比率）是上市股票的常用估值方法。这个方法也可以用来估算私人公司的价值。计算市盈率的公式如下：

市盈率 = 每股股价 / 每股收益

但是什么情况下市盈率高，什么情况下市盈率低呢？根据经济和市场条件的不同，情况会有所变化，但是一般的经验法则如表 10—4 所示。

表 10—4

成长前景	一般市盈率
低	10~15
中等	15
高	高于 15

风险投资人可能使用的方法

有时候，风险投资人会用你所在的细分市场中的一家上市公司的市盈率作为标杆。举例来说，如果你在食品饮料行业，他可能会说食品饮料行业的上市公司的平均市盈率是在 11 的较低水平，所以相同的市盈率也可适用于你的公司。

你可以使用的应对方法

如果市场平均市盈率对你的公司不利，那么你应该回复说这个方法不适用于你的公司。例如，你可以说，由于公司目前正处于初创阶段，还没有开始盈利，使用市盈率并不公平，毕竟这个方法是基于盈利的。

如果你已经研究好了那些也处于初创阶段的上市公司，并且他们的市盈率要高得多的话，你的反驳就会更加有力了。

其他可能的应对方法包括根据上面列举的公司、市场和金融市场的例子来定性地说明你的公司在其他方面的优势。

方法 2：营收倍数

由于你强调了公司还没有开始盈利，风险投资人可能会使用营收倍数来进行估值。

- 很多初创企业的市盈率可能会是负数，营收倍数与之不同，即便是年轻公司，也可以得出营收倍数。
- 销售额是很难人为操控的，因为它并不受如减值、研发费用、广告费用等项目的会计决策影响。
- 与市盈率相比，营收倍数的波动也没有那么厉害。原因是收益比销售额更容易受到经济环境变化的影响。

你可以使用下述公式来计算估值：

估值 = 营收倍数 × 净销售额

一般的经验法则是，营收倍数会在表 10—5 所示的范围内。

表 10—5

阶段	营收倍数
初期	0.5 ~ 1.5
后期	2 ~ 3

风险投资人可能使用的方法

和市盈率方法一样，你要能够证明营收倍数方法是不适用于你公司的。风险投资人可能已经做好了功课，他们会使用已经融到了一轮风险投资的公司或者直接去股票市场上寻找合适的公司，用它们的数据作为标杆。

你可以使用的应对方法

同样，你也需要做好自己的功课，研究其他可比较的公司，准备好自己的论据，例如，说明哪些具有高营收倍数的公司其实和你公司的情况更相似，而哪些营收倍数较低的公司面临的问题并不适用于你的公司。这或许能够帮助你把估值推高。

方法 3：风险投资估值法

市盈率法和营收倍数法都不能全面地为一家公司估值。总有一些灰色地带和有争议的点。正因为如此，风险投资行业发展出了一个相对简单的估值方法。这个方法叫做风险投资（VC）法。这个方法对评估尚无可见的盈利业绩的初创企业的价值非常好用。需要注意的一点是，这个方法关注未来的退出策略，也就是投资的回报。

第 1 步：确定投资的终止年份

这个方法是基于未来退出时的收益计算的。因此你需要确定退出的估价。要做到这一点，你必须首先知道投资的终止年份，也就是你打算什么时候首次公开募股，什么时候风险投资人可以退出公司。回头看看你的财务预测，看看你的退出策略何时开始生效。这应该早已被写进了财务预测中。在极少数情况下，风险投资人的存续期会在退出策略启动之前结束。在这种情况下，投资的终止年份就是风险投资人存续期结束的时候。

举个例子来说明，让我们先假设投资终止的年份是 2013 年。

第 2 步：计算内部回报率

风险投资人有一个目标内部回报率。但是，他们可能不会向你透露这个内部回报率。那么，就得由你来确定他们的目标内部回报率。你需要：

• 检查风险投资人投资组合中的其他公司；

• 基于你的调查，找到这家公司的初始投资金额是多少，撤资金额是多少，初始投资和撤资之间经历了多少年；

• 基于上述数据，你就可以算出内部回报率了。

假设你查出风险投资人在 10 年以后对所持的 A 公司的股票进行了除权，价值是 1 亿元，而初始投资金额是 1 000 万元。这意味着风险投资人 10 年间收回了 10 倍的收益。

内部回报率可以简单计算为：

$$10.0.1 \times 100\ \% = 125.9\ \%$$

现在你就知道了，风险投资人的目标内部回报率是 125.9%。

第 3 步：计算投资终止年份的估值

计算出了风险投资人的内部回报率之后，你就需要计算出你的公司首次公开募股时的估值。我们该如何算出估值？我们将分以下几个简单的步骤来进行估算：

• 找出在同行业和细分市场上可比较的几家上市公司；

• 找到这些公司的市盈率，这些信息可以在彭博社网站上找到；

• 把上述市盈率作为确定你公司的市盈率的标尺；

• 基于你的财务预测，确定你提交首次公开募股申请时的预计收入；

• 用这个市盈率去预估一下你 2023 年的收入；

• 例如，如果你预计 2023 年的收入是 2 000 万元，而你的市盈率是 20，那么你退出时的估值应该就是 4 亿元。

第 4 步：在当前内部回报率下计算退出估值的折现

在第 2 步中，你已经知道了风险投资人的目标内部回报率。在第 3 步中，你算出了退出时的估值。现在你需要用你找到的这个内部回报率来把退出时的估值折算一下，这样就能得到公司的现值或者说进入时的估值。

在上面的例子中，你可以把预计的首次公开募股时的估值 4 个亿折算一下，把它折成 2014 年的现值，你会发现公司在 2014 年的估值是 4 000 万元。要注意这是 2014 年的交易后估值。

第 5 步：计算投资当年的交易前估值

到目前为止，你应该知道风险投资人打算向你的公司投资多少了。要计算交易前估值，你需要：

- 拿到你在第 4 步中得到的交易后估值；
- 找出风险投资人想要给你投资多少；
- 从交易估值中减去风险投资人的投资数额。

假设你想从风险投资那融资的金额是 1 000 万元，你就能得到交易前估值 3 000 万元。（4 000 万元 –1 000 万元 =3 000 万元）

风险投资人可能使用的方法

根据上述的风险投资估值法，风险投资人可能会算出一个比预计值要低的估值。

你可以使用的应对方法

现在你知道风险投资人是怎么得到这个低于预期的估值的了，所以在谈判的时候，你应该把精力集中在所使用的数据假设上。举例来说，你应该说明他们使用的市盈率太低了。

方法 4：有形资产净值

有形资产净值（NTA）或者叫账面价值的定义是全部资产减去全部债务以及无形资产（比如声誉和专利等）：

净有形资产 = 全部资产 – 全部负债 – 无形资产

如公式所示，有形资产净值法在下述情况下对你有利：

- 你的有形资产数额很大；
- 你的无形资产很少或者可以忽略不计。

相反地，有形资产净值法在下述情况下对你不利：

- 你并没有太多的有形资产；
- 你的无形资产数额巨大。

在现实中，这种方法对科技类初创企业的影响最大。科技类初创企业的一个特点就是它们拥有很大的知识产权，这也是一种资产。但是，很多初创企业并没有计算知识产权的资源。这是一个花费巨大的过程，按照通常的经验来看，初创企业有时候要和已经成熟运作的公司联手才能做到。如果用有形资产净值法的话，那这些初创企业就处于劣势，特别是当他们的知识产权没有被计算在内的时候。这样，全部资产就被低估了。

但是，如果你是重资产型企业，那么就一定要用有形资产净值法。

风险投资人可能使用的方法

他们可能会用这个方法，然后告诉你，你的估值过高了。

你可以使用的应对方法

如果你和其他科技类初创企业面临着同样的问题，也就是没有估计知识产权价值的资源，那么你就找一下市场中那些已经为自己的知识产权估值了的成熟科技企业。用他们的净有形资产作为标尺，告诉风险投资人，如果你的企业被恰当地估值，那么经过一段充分的发展之后，你的有形资产净值肯定会上升。

另外，你可以选择完全反对有形资产净值方法，你可以声称这个方法并不适合你企业的类型。如果你知道行业内有其他类似的创业公司已经获得过风险投资的话，这会对你有所帮助。你可以了解风险投资人对这些公司使用的是什么方法，这能够让你以你所在行业里普遍适用的标准为理由向投资人提出争辩。

风险投资的行业评估

当谈判时刻到来时，你已经有了一些可以拿到桌面上的谈判技巧了。但还是有一些可以补充的弹药。

信息是商业世界的关键。没有信息，你根本无法知道进入哪个市场，也不会知道消费者想要什么。你甚至都不知道该怎样申请风险投资基金或者世上还有风险投资基金这件事。所以，要时刻注意收集信息，特别是有关你的公司和行业的。

一个很好的方法就是保持阅读的习惯，经常看一看风险投资出版物，查阅一下投资数据库，如英国咨询公司普瑞奇（Preqin）和美国 Venture Economics 公司的研究报告等。这些风险投资研究机构提供了风险投资领域内有价值的信息。在对已达成的风险投资交易的调查和信息收集的基础上，这些机构又对信息进行了整理，比如根据公司发展的不同阶段、所在行业、国家进行分类，这使得我们能够更方便地找到所需要的信息。

另一种成本更低的方法是在 Techcrunch.com、《金融时报》（*Financial Times*）或《华尔街日报》（*The Wall Street*）之类的商业资讯上收集过往交易的信息。有时候，好报道会包含公司发展阶段甚至投资人得到的股票数量等信息。

创业者快速自我评估

- 你知道名义交易前估值和实际交易前估值的区别吗？
- 你知道风险投资人是怎么得出他们的估值的吗？
- 你有没有做好功课来挑战他们的那些假设？你有没有研究参照公司的可比较数据？
- 你是否已经列出了反驳风险投资人的关键点？
- 你是否查询了普瑞奇、Venture Economics 等公司提供的数据或者其他商业资讯材料，以获得更多行业内估值，来复核你自己的标准？

甜点

这本书里看上去都是创业者在祈求风险投资人的仁慈，因为他们能够决定创业者能否获得融资以开启他们的事业。但是在下面这个故事里，你会看到一个创业者是如何让风险投资人拜倒在谈判桌上的。这个创业者的公司后来获得了一个很高的估值。她是如何做到这一切的？这都归结于信息的力量。

案例分析：信息就是力量

林丽娜是一位前途不可限量的创业者。和大部分的创业者不同，她并没有涉足诸如餐饮、服务、时尚或者美容这些传统行业。当她和别人交换名片的时候，大家经常惊讶地睁大了眼睛。

“你是六角研发公司的首席执行官？”他们会这么问，“这不就是那家大家都在谈论的公司吗？那家开发尖端工艺装甲材料的公司？”

尽管他们并没有直说，但是他们一直以为这样的一家科技含量很高的公司的首席执行官应该是一位男性。他们面前这位光彩照人的女性证明他们想错了。她从高中开始就在化学和物理方面表现十分出色，在年复一年地获得各类奖项之后，有好几位一流的教授都邀请她做自己的研究助理。

最终，在一间实验室工作了几年之后，她研发出一种大家从未见过的新型材料，并且申请了专利。这种材料极轻、耐用并且结实。对于一般人来说，这个材料看上去并没有什么特别，但是生意人会明白它的价值。它很容易应用到军用设备上，如头盔和武器。随着世界上发生军事冲突的风险不断增加，这种材料的需求很有可能会非常高。不仅如此，专利也意味着其他公司要合法地生产复制品需要很长一段时间。

最重要的是，她是赢家。她联合她的教授和同学们，成立了六角研发公司，该公司专注于生产军用级别的材料。六角研发公司要寻求风险投资的消息一传出去，风险投资人就抢着要给她的公司投资，这一切并不令人惊讶。

林丽娜的确处在一个让人嫉妒的位置。她和她的团队一起把那些他们觉得能够愉快合作的几个风险投资人列了一个单子。他们筛选的方法非常有体系。“首先，”丽娜告诉她的团队，“我们需要看看他们想要多少股份。然后，我们需要看看他们在未来对我们公司的成长能够提供何种帮助。”

“你说得很对，”她的首席财务官说，“说实话，我们知道我们公司非常优秀。我们在风险投资人身上要寻找的是那些我们目前没有而他们能够提供给我们的东西。我们得大干一场。”

“我们应该看看他们有没有成功帮助其他公司的业绩，”丽娜说道，“我可不想和那些根本没有取得成功的风险投资人有任何瓜葛。”

在几周的考量和争论之后，丽娜筛选出了几家风险投资。每家都能在某个方面帮助六角研发，并且拥有协助其他公司成功的过往业绩。现在丽娜更加关注的是公司的估值。六角研发是她的骄傲和快乐的源泉，是她用超过10年的时间倾尽心血养育的宝贝。她可不想让股权付诸东流。

其他创业者可能直接就会冲到谈判桌上了，但是丽娜退后了一步，开始搜集信息。她的研究本能被唤醒，她开始发挥自己的特长。丽娜在搜集信息方面不遗余力。她不放过任何角落，追根究底。她深挖自己的每个关系网，给每个曾经获得过风险投资的朋友打电话或者发电子邮件，询问风险投资人在投资之后履行承诺表现的反馈。要是需要吃饭喝酒，她就去吃饭喝酒。她不想有任何疏忽。

最重要的是，丽娜还开始联络风险投资行业的朋友，搜集行业内部信息。她的创业者朋友们给的是从创业者角度看每个风险投资人自下往上的看法，而她同样还需要风险投资人角度的观点。他们对她的公司作何打算，他们会有多专注？她应该注意的潜在的障碍是什么？这些问题让她夜不能寐。她知道自己要是走错一步，代价可能会是在未来失去整个公司。

她不停地挖掘信息，直到有一天挖到了金子。她获得了在讨价还价时对自己有利的重要信息，而且这个信息还告诉她哪个风险投资人最适合她的公司。这些消息都是来自于她的一个朋友——内尔森。

“如果我是你的话，”内尔森说道，“我就选‘未来风险投资’。”

“为什么呢？”丽娜问道。

“我最近听说‘未来’正急切地想达成一笔交易。你利用这个就可以从他们手上挤出更好的条件。”他说。

“既然很急切，就是说他们不怎么好，对吗？那我为什么要选他们？”丽娜追问内尔森。

“并不是他们不好，他们入行很多年了。问题是，他们过去几年都没有大手笔的交易，这给他们的打击很大。上网查查，你根本找不到‘未来’的任何交易公告。”

“我知道了，”丽娜说，“但是这也可能代表他们非常挑剔。他们也许正在拿时间做赌注，并不意味着我们能从他们手中挤出更高的估值。”

“嗯，”内尔森说道，“你说得对，他们之前的确太挑剔了。七年后这个基金就会到期，他们没有太多时间来选择能给他们回报的投资了。相信我，你能让他们给出更高的估值，他们很有可能向你投降。”

“多高？”丽娜问道。

“只能说他们需要你比你需要他们更多。”内尔森说道，向她挤了挤眼。

最初，丽娜并不确定该如何判断这个信息。但当她核实了一下内尔森提到的细节后，发现确实是这样的。

当她进行谈判的时候，事实证明他的话是真的。让她高兴的是，尽管她给出了一个非常高的估值，“未来风险投资”还是很快就投降了。如果她之前不知道这些信息，她很有可能给出一个更低的价格，这样就得不到这么高的估值了。

故事寓意

信息就是力量。如果你知道了敌人的弱点，你就可以更有效地发动进攻了。建立和发展一个能够为你提供有效信息的关系网。获得有效的信息之后，你可以在谈判时把它们和你的优势结合起来，然后强有力地提出一个更高的估值。

第 11 章

不可掉以轻心的尽职调查

前菜

什么是尽职调查？你的公司如何在尽职调查阶段保持自己的名声和吸引力？风险投资人会通过哪些方式来进行尽职调查？

当我们向一家公司投资的时候，我们的预期是：公司的商业计划能够顺利执行，目标能够达成，投资收益能够实现。但是商业计划的实现并没有任何保证或者确定性，在这方面我们当然不能相信创业者的一面之词。

因此，我们需要进行深入的调查，以确定上述目标实现的可能性和无法实现的风险，同时也要找出影响项目成败的因素有哪些，这被称作尽职调查（有时候被简称为“尽调”）。通过尽职调查搜集到的信息，能够提供一个全面的风险—收益评估，用以做出最终的投资决策。

那么这些和创业者有什么关系呢？

如果你知道风险投资人是怎么进行尽职调查的，那么你就能够在他尽职调查之前尽可能地准备好信息。这项工作的重要性不仅在于你能够提供的信息的质量，还在于你为你自己以及你的公司所营造的印象。在一个潜在投资机会出现在面前的时候，你要做好展示自己的准备。因此，在本章中，我们将会为你揭示风险投资尽职调查的秘密。

创业者中的赢家通常会准确地知道风险投资人是如何进行尽职调查的。出于这个原因，他能够先发制人，在尽职调查阶段开始时就打好基础。当风险投资人开始着手尽职调查的时候，赢家的准备会使一切都按部就班。尽职调查的顺利进行促使风险投资人进入到下一步的融资过程。

“中等生”明白什么是尽职调查，但是不懂风险投资人是如何进行尽职调查的。他没有做到提前做好准备，不知道在尽职调查开始前该做些什么。他尽了自己最大的努力，结果却是在不必要的部分浪费了时间和精力。因此在尽职调查阶段，公司的弱点就开始暴露了。

失败者甚至都没有为尽职调查做任何准备，因为他认为他的公司已经足够好了。他向风险投资人提供的答案都是错误的，表现得比之前还要差。在尽职调查阶段，风险投资人通常做出放弃对他投资的决定，然后去投资别的公司了。

主菜

尽职调查工作可以做到十分深入。尽职调查要求对项目的各个方面都进行检查，包括管理层团队、产品/服务、运营、市场、技术、财务、法律、环境以及监管因素等，这些因素都能够在一定程度上影响创业项目。我们需要通过评估公司现在和过往的业绩来得出有关潜在被投资人未来前景的中肯意见。我们还需要证实公司提供信息的真实性，保证有独立第三方的反馈，这里所说的独立第三方包括但不限于消费者、银行、竞争者、供应商、前雇员以及其他相关人员。最重要的是，我们需要花费大量精力去了解创业项目的活力以及驱动力。尽职调查的结果将决定能否投资这家公司。我们将逐一讲解以下三个主要的尽职调查类型：

1. 管理层尽职调查；
2. 产品和市场尽职调查；

3. 财务尽职调查。

尽职调查 1：管理层

对我们中的许多人来说，管理层是在投资资金的支票上签字前要调查的最重要的因素。毕竟，好主意比比皆是，成败之间的差别就看管理层的管理技巧了。当看到商业计划的时候，大部分风险投资人在决定是否继续看下去之前，都会直接去看管理层简历的那页。在这个部分，我们会来解密管理层尽职调查。

首席执行官

首席执行官无疑是管理层尽职调查的主要关注点。通常情况下，风险投资人会首先与创业者会面，来了解他创建公司背后的动机。

方法 1：做好面试准备

- 想想我们问过的那些模式化的问题，准备好答案。
- 找别人给你做一次模拟面试，练习越多越好。
- 确保前后一致。可能会有很多轮面试，所以你需要保证你能通过每一轮的面试。

风险投资人通常会问的问题有：

- 你创建公司的动机是什么？
- 你如何应对公司内部的冲突？
- 你当前最优先考虑的问题是什么？
- 你曾面对的最大挑战是什么？
- 你是如何处理业绩不佳的雇员的？
- 你是如何奖励表现优异的雇员的？
- 当公司规模扩大、面临转型的时候需要你让出首席执行官的位置，你会怎么想？

第一个和最后一个问题是有关首席执行官本人的，而其他问题是关于首席执行官如何管理公司的。最后一个问题通常很重要，因为很多创业者都没有料到会被问到这个问题。当风险投资人问你这个问题的时候，其实他就是想知道你是否能为了公司的利益作出牺牲。

处于不同阶段的公司需要拥有不同的特质。举例来说，一个处于创业初期的公司，市场营销非常重要，因为要打开市场。所以一个具有强大营销背景的首席执行官以及创业团队就会成为一个加分项。对于某些风险投资人来说，创业者的远见卓识可能没有具有成功实现短期商业计划和策略的能力重要。找到一个全能的、可以带领公司从创业到退出整个阶段的创业者是极其罕见的情况。在现实中，更常见的是随着公司发展，原来的创始人逐渐淡出。

作为风险投资人，我们看到过太多创始人不愿意放弃对公司的控制的案例，即使在我们已经找到了一个更加适合带领公司进入生命周期下一个发展阶段的人选。因此，和风险投资人更开明的讨论这种改变是创业者的明智之举，至少现在你要提供一个外交辞令的答案。如果你太强烈地抗拒，那风险投资人就会考虑放弃对你的投资。你需要决定到底是你对公司的控制权更重要还是公司的整体利益更重要。

方法 2：让证明人做好被询问的准备

• 给你的证明人打电话，向他们概述一下风险投资人给他们打电话时会问到些什么。

• 确保他们足够了解你和你的项目，保证他们会对你作出准确的描述。

• 保证他们手头还有别的对你有利的证明人，为风险投资人向他们要更多的介绍人时做好准备。

诚实也是风险投资人要在你身上看到的一个非常重要的品质。毕竟风险投资人会把公司的每日运营留给首席执行官及其团队来执行。虽然公司内部会有大量的检查和对账，但是通常情况下，挪用公款对于一个不老实的首席执行官来说还是很简单的。在证明人检查阶段这个是一定会被评估的。为了避免证明人只说好话，某些风险投资人会在证明人名单以外寻找证明人。有时候他们会给证明人打电话，直接要求提供另外一个证明人。

如果你给你的证明人打电话提前告诉他们在这类谈话中会被问到什么问题，这会对你十分有帮助。你要让他们知道你在做什么，请求他们的帮助。风险投资人会问到证明人的问题包括：

- 他能够在困境中应对压力吗？
- 他对失败和改变的承受能力如何？失败之后要多久才能恢复？他是带着新主意回来的吗？他会坚持最初的方法吗？
- 他和其他共同创始人或者投资人有过冲突吗？
- 你能描述一下这些冲突的细节吗？
- 你会怎样描述他和上级、下级以及同仁之间的关系？
- 你能再提供一位你觉得很了解他的证明人吗？

方法 3：为迎接检查做好准备

风险投资人还会要求创业者和其他那些他们已经投资的创业者见面，特别是身处同一行业的创业者。因为风险投资人与这些人共同创建公司，他们更了解和理解这些人的想法，信任他们在技术上的判断。风险投资人会确保没有重复竞争。

我认识的一个风险投资人经常会给创业者一些特殊的任务去完成。例如，他们可能会要求创业者签一个重要客户或者从一个竞争同行中挖来一个人。创业者并不需要在这个任务中成功，这个任务的目的其实就是让风险投资人观察创业者的行为。

首席执行官的家庭

和你的另一半，如果你有另一半的话，开诚布公地讨论一下，明确地指出创业和可能的风险投资将会对你们的关系带来何种影响。

风险投资人大多会问及首席执行官以下几个方面的问题：

- 你的另一半能够忍受你由于工作而经常不在身边吗？
- 你的另一半能够承受创业最初阶段可能的财务紧张吗？
- 即使项目失败，你的另一半也会支持你吗？

- 不管你做多久的创业者，你的另一半都愿意支持你吗？
- 另一半是否能够承担家庭责任？特别是在有小孩的情况下？

在对首席执行官的常规面试之外，有些风险投资人还会邀请创业者的另一半共进晚餐来更深入地了解风险投资人的家庭。常言道："治国先齐家。"

在这类会见中，风险投资人会观察你的另一半对你的创业项目到底有多支持。这一点很重要，因为公司的初创阶段可能会在精神和财务上都会给创业者带来巨大压力。创业者需要得到全部的支持，风险投资人是不会投资给一个没有足够精神支持的人的。

甜点

就像一个怀孕的妈妈，创业者必须为脐带被剪断的那一天做好准备。这意味着在某些时候，创业者的退出可能对他来说更好。如果创业者执意不放弃对公司的控制权又会发生什么呢？

案例分析：一位不愿剪断脐带的母亲

很多年前，我们投资了一家为偏远医院生产医用设备的公司，主要的投资理由是产品的需求很大——这些设备的确在救人性命。偏远医院获取正常医疗设施的途径可能相对没有那么多，很多偏远地区的居民的医疗条件都较差。在冲突和战争时期，这种情况就更突出了。更高的伤员数量增加了在艰苦环境下对更便携更有效的医疗设备的需求。

这家公司正是在这方面填补了空白，他们生产的是低功率医用设备。这对医护人员来说意味着设备耗电更少、有时候甚至不需要和主电源连接。因为大部分的设备仅依靠发电机就可以工作，你可以想象这给那些伤员和偏远地区的医院带来的受益会有多么大。

这家如此优秀公司的"大脑"是一位叫史蒂芬的生物医药工程师。他研发的产品获得了政府的资金支持，产品标准的下发也相对简单许多。公司在发展过程中表现很好，需求也在不断扩大。很快，作为风险投资人的我们清楚地看到，公司可能需要一位新的首席执行官来执掌大局了。

为什么？史蒂芬是一位能力很强的年轻人，但是他的专业是在生物医学工程方面。他对市场营销一窍不通，而公司又处在转型的关键阶段。公司需要开拓一些海外市场来保持增长速度，史蒂芬也不能再依赖政府的帮助了。我们需要一位能够把公司带到新高度的首席执行官。事实上，作为董事会成员，我们已经确定好一位来自财富 500 强企业的可能人选了。

“史蒂芬，你对公司的未来有什么想法？”

“公司前途无量，”他充满热情的答道，“我们正打算进入新的市场。我敢肯定，我们的表现会很好。”

“可是你怎么这么有信心？我是说，你在扩张方面并没有什么经验。”

“如果需要的话，我会在这个过程中慢慢学习的。”他自信地回答道。

“但是这是几百万元的生意啊，你有可能失去一切。”

“我不会的，”他坚持说道，“我有数。你是想暗示什么？”

向充满热情的创业者提出这个话题从来不是一件简单的事情。几乎每一位创业者都把自己当作能带领公司走过从开始到结束全过程的首席执行官，但现实是很少有人能做到这一点。史蒂芬也不例外。不管他愿不愿意承认，他就是没有这方面的专长。

“事实上，我们已经物色到一个潜在的人选了，”我讲得很慢，试图让他更舒服地接受这个话题，“他曾带领一家财富 500 强公司打入了你正想扩张到的那些国家。我们认为他会是一个把公司带到新高度的非常合适的人选。”

史蒂芬听到这个不是很高兴，他甚至差点儿在餐馆里提高自己说话的声音，这就好像在他胃口上捅了一刀一样，我可以理解他为什么会有这种感受。但是我本意并不是伤害他的感情或者从他手中夺走他的公司。和其他创始人一样，史蒂芬可以一直保留自己的股权。现在的目标是保证公司能够走得更远。作为董事会成员，我们达成了一致。鉴于与其他公司的经验，这是前进的最好方法。但是史蒂芬及其团队始终抗拒。即使新首席执行官上任是董事会决议，创业团队还是决定不配合工作。

毫无疑问，裂痕随后开始显现。随着时间的推移，越来越多的裂痕出现了，创业团队始终和首席执行官对着干。每一个悬而未决的不同意见都像插入公司心脏的一把匕首。我们试图和创业团队沟通，但是于事无补。最终，公司倒闭，申请了破产保护。

故事寓意

热爱你的公司、对它充满热情是件好事。但是爱到把你的个人利益放在公司的利益之上就会导致悲剧的发生。这就是为什么风险投资人想知道你如何看待未来可能的退出。要确保你知道你的决定可能带来的结果。

首席执行官团队

风险投资人要考察的还有一个很重要的方面，那就是团队的活力。举例来说，团队成员互相补位支持得如何？好的团队里成员互相支持、有着很深的情谊，这会在创业初期极端高压的情况下给团队带来极大的帮助。风险投资人通常会在他们列席的团队会议上作出评估，同时也会通过和每个团队成员的面试来评估。通常情况下，如果在创业前团队成员就有共同工作的关系将会有所帮助。

方法 1：为团队做好面试准备

- 在团队成员上做出明智的选择，确保他们没有技能上的重复。
- 多组织团队活动来增加团队凝聚力，如团队晚餐、团队建设活动等。
- 开诚布公地讨论每个团队成员对公司的看法。
- 如果有纠纷，在尽职调查过程开始前友好地解决这些纠纷。

大部分风险投资人会要求在管理层讨论时列席。当投资交易即将达成的时候，某些风险投资人还会进一步要求在董事会召开会议时列席。他们参加这类会议的目的是观察首席执行官是如何和他的团队和董事会共同工作的。

最重要的是，风险投资人还会评估每个成员的技能是如何与其他人互补的。每个团队成员都应该拥有区别于其他人的技能，以保证整个团队是互补的。鉴于在创建初期资源的缺乏，团队成员不应该有和别人重合的核心技能。这是显而易见的，因为创业最初公司还没有足够的资金，不应该为做相同的事情的人多支付一块钱！

关于招募了整个创业队伍的首席执行官，能讨论的东西太多了。招募团队代表了他在创建一个公司时与其他人共同工作的意愿，而当公司的规模扩大后，拓展管理技能就显得尤为重要了。这对风险投资人来说是一个很大的附加考虑因素。有了一个团队，任何成员的离开对项目的影响都可能会比只有一个人创业带来的影响要小。拥有一个团队也能够保证创业项目在招募更多关键人才前可以进一步成长，而招募人才通常是需要很多时间和人力的。

当然，招收这些团队成员必须是基于很好的理由。很多创业者明白团队的重要性，所以他们会在找风险投资人之前用自己朋友填补管理团队的空缺。这是一个关键性失误，而且这也表现出了他不够诚实。从风险投资人角度来看，这是一个非常严重的红色警告。不要试图把一个方形柱子插到圆形的洞中，你诚实地和风险投资人说明自己还没有找到可以胜任这个位置的人就可以了。在合适的人选确定前，最好等一等。

作为首席执行官，你要做的是经常和团队成员进行讨论，这样会使每个人的目标与你想向风险投资人传达的信息保持一致。你需要明确的事情包括：

- 眼前的短期目标和执行计划；
- 长期愿景。

风险投资人经常要求管理层和他们的团队在所有风投基金合伙人面前做演说。在演说过程中，风险投资人会评估公司创业团队的整体性，他们有着找出不和谐迹象的火眼金睛。即使最细微的细节也很重要，这些细节包括创业团队演说的分工以及每一部分的信息是如何传达出来的，在提问环节中有不友好的问题提出来的时候，其他团队成员是如何站出来互相支持的。

演说之后，风险投资人通常会单独邀请团队成员进行访谈，而这并不让人意外。风险投资人经常会和团队中的不同成员谈话，以此来找出不一致的答案，察觉出回避问题或者不直接回答问题的蛛丝马迹，以及观察他们的形体语言。

有一次当我们听完了整个演讲之后，一位风险投资的合伙人开始问一些非常不友好的问题，试试创业团队是不是铁板一块。创业者自己给出一个答案之后，我们能观察到团队里的其他成员开始感到坐立不安。有几个人甚至很无礼地翻起白眼。在接下来的几个问题中，越来越多的这种迹象出现了。最终，本应该是创业团队的演说，却变成了首席执行官及其团队成员之间的口角，大家互相指责、发泄不满。结果就不用说了，我最终没有投资这个项目。

方法 2：做好回答有关激励机制的问题的准备

你有没有把创业团队的收入与公司业绩相挂钩的激励机制？你的团队工作是否投入？如果答案是否定的，那么他们有合理的理由吗？

创业者对企业的承诺是一个不可忽略的因素。风险投资人会通过创业团队在项目中有多大的分成来检查这个因素。这代表了一荣俱荣、一损俱损。与让创业团队拿到巨额工资支票相比，风险投资人更希望能实行与公司业绩挂钩的薪资结构。常用的方法是以股票期权的形式而不是以现金的形式作为薪资。

除此之外，风险投资人希望创业团队全身心投入到工作中，这就是说创业团队成员不能还参与其他公司的运营或者被其他公司雇用。当然，也可以有例外。在那个生物医学投资案例中，创业团队的一员是一位教授，而这位教授保留他的教授职位就是一条非常有利的因素。这是因为作为教授，他会有对设备进行宝贵的实验室测试以及研究的权利，这使他可以参与到行业的尖端发展中去，而这正是公司短期的关键目标。但是这么做所面临的下一个问题是，在知识产权方面的所有权难以区分。

甜点

在管理层的尽职调查中所发现的问题会使公司丧失被投资的机会。风险投资人极其严格，你最好确保自己历史清白。不然的话，你将永远得不到风险投资。

案例分析：三合会的故事

我们马上就要和一家某国的私募股权公司达成交易了。坦白地说，这家公司相当不错。它的历史业绩非常好，基础也非常牢固。我很期待自己能够在合同上签字，搞定这笔交易。但在尽职调查过程中，我们发现了一些无法接受的事情，于是这笔交易就落空了。

到底发生了什么？而我们又发现了什么？这一切都是从管理层尽职调查开始的。因为这笔交易可能涉及上千万元，我们不会盲目地进行投资。我们希望能够全面考察，所以甚至雇用了私人侦探来对管理团队的背景进行调查。这些私人侦探跟踪了创业团队一段时间，然后就回来找我们了。

“怎么样？”我问私人侦探。他看上去很担心。

“你看看这个档案，”他说，“我们发现了一些有趣的细节。”

我打开了档案。档案里有很多照片，照片上是创业团队的一些成员正从夜店里走出来。“我们对泡夜店没什么意见啊，”我对欧文说，“目前看来没什么问题啊。”

“问题不是夜店，”欧文指出来，“问题是和他们一起泡夜店的人。”

“什么？”我说，又仔细看了看照片，问道：“是什么人？”

“这些人是当地的黑社会，”他说，“这个创业团队的人经常和他们混在一起，一周至少三次。而且总是这个帮会的，所以我们怀疑他们关系非比寻常。”

“黑社会？”我惊呼出来，“你确定？”

“我们非常确定，”他说，“如果你要的话，我还能给你提供别的有力证据。”

我坐回椅子里，欧文一离开，我就赶紧召集了一个紧急会议。这的确很严重。一旦有谁也发现了他们和黑社会的联系怎么办？这会对我们公司的声誉造成什么影响？我们的销售怎么办？作为一只基金，人们会怎么评价我们？

我们最终不得不拒绝了这个投资。尽管我们已经在审查项目、尽职调查和共同工作上投入了很多金钱，但是这钱花得特别不值。当时，该国政府正在取缔帮会，已经逮捕了很多成员，帮会成员的数量减少了许多。如果我们要投资的公司和他们有瓜葛，很有可能创业团队中也会有人被抓起来。

我们的决定后来被证明是正确的，照片里的两个创业团队成员几年后都卷入了帮会的案件上了法庭。创业项目也就没有了着落，最后以破产告终。

故事寓意

诚实比赚到更多的利润要重要得多。如果你失去了诚实，你就失去了全部。即使是最好的创业项目也救不了你。

尽职调查 2：产品和市场

你的产品或服务当然是首要讨论的问题，它们会被仔仔细细地审查。风险投资人会对产品或者服务以及市场提出问题。

方法 1：做好回答有关产品和市场的问题的准备

• 为你的产品做好消费者调查，并以此作为回答问题的证据。

- 为你的产品准备好技术参数资料。
- 准备好关于你的产品将如何融入消费者日常生活的电梯游说。
- 给你的客户打电话，告诉他们做好风险投资人冷不防打电话的准备。
- 制定合理的目标（例如，制定出那种不切实际的目标：一年内抢占 10 亿美元规模市场的 1% 的市场份额）。
- 确定你将以何种方式将产品送到消费者手上。

方法 2：做好应对风险投资人评论的准备

“我根本不在意产品，给我一个大市场就行。”这是杰出风险投资人经常说的一句话。这句话告诉了我们一个规模巨大的市场的重要性。毫无疑问，作为整个尽职调查过程的一部分，风险投资人得对市场进行尽职调查。这包括项目的市场驱动力和影响这些市场驱动力的因素。我们通过几个渠道来做这件事情。我们可以通过内部的投资分析、第三方服务提供商（市场上有提供这种服务的公司），或者两者兼有来进行对市场的尽职调查。这些调查都是为了寻求下面这几个问题的答案。

这个产品能行吗

就跟问题本身一样直白，很多风险投资人总是需要知道这个产品能不能行。当风险投资人投资一家创业初期的科技公司时，大部分情况下产品都还处于研发阶段，这个问题就非常实际，因为风险投资人将不得不面临要想象这个产品怎么样，而不是能亲眼看到产品表现如何的情况。在这种情况下，你就要强调你的技术团队的强大，把焦点放在他们在相关领域里的多年经验上。当然如果他们在相同的行业里有超过十年的经验，那么这会大大增加说服力。另一个方法是准备技术方面的推荐人，他们可以证明产品的可行性。我曾经投资过的一个创业者曾给了我一个名单，上面都是他念工程博士时的教授。最重要的是，他还介绍我认识了几位主要工程师，这些人都是他在半导体行业工作时共事过的同事。这两条加在一起，让他的产品更具说服力了。

你的产品是“可以买”还是“必须买”

这个问题的另一种说法是首先要问一下这个产品到底是止痛药还是维生

素。和吃了能改善健康状况的维生素相比，人们更有可能会付钱购买缓解极端疼痛的止痛药。

我见到的一个红色警告是捕鼠夹般的短视（即不顾市场需求，只求完善产品）。简单说来，在这种情况下，公司开发的产品是行业翘楚，满足了创业者自己的成就感，却并没有考虑满足市场的需求。

为了避免这种情况的发生，创业者必须保持和客户的经常性接触，寻求反馈。找几个客户试用样品、然后提供反馈是一个让风险投资人信服的好办法，证明你已经使用一些手段来避免不顾市场需求的产品开发的现象发生。

既然是止疼药，那么它能多大程度地缓解疼痛呢？

就像前一部分提到的，你的产品必须能够缓解疼痛。它必须是缓解疼痛而不是制造更多的疼痛。听起来自相矛盾是吗？其实并不然，让我来解释一下。最开始的时候，初创企业的成功很大程度上依赖于它向目标市场兜售变化的能力。在使用新产品前，消费者需要多多少少地改变他们的消费行为。在这个变化过程中，消费者需要花费成本，而且，改变消费者行为很难。举例来说，如果我想无线上网，我就得在我的工作场所安装无线路由器。我需要花费安装路由器和重置电线的基建成本。这些就是我享受无线网络的成本。

成功的初创企业需要说服目标市场承担转向新产品的转换成本。转换成本可能看上去很小，但是累计起来就会是很大的数额。这种成本包括但并不限于雇用培训消费者如何使用新产品的人员或者安装新产品的费用。在考虑了这些附加成本之后，如果使用新产品反而创造了更多的痛苦，或者只能减轻很小一部分的痛苦，那么这个产品就肯定不应该进入市场。

当你向风险投资人展示产品优势的时候，要试着提供针对你的潜在用户的调查，来强调你的产品缓解的疼痛比制造的痛苦多得多，这会对你有很大帮助。如果你能有一些潜在消费者的证明就会使你的创业项目更具说服力，要是在产品推出前就有订货那就更好了。

谁会买你的产品

理解你的客户至关重要。创业者们总是试图完善自己产品的特性，而这些特性却并不是消费者们所需要的，这种事情太常发生了。让我们以制造田径鞋的项目为例。你已经在设计上花费了大量的时间，让你的鞋既轻便又耐用。现在，你想让它更轻便来进一步改善它的表现。你花了一整年的时间去改善你的田径鞋的表现。你成功地让你的田径鞋重量降低了 5 克，这是行业标准的大飞跃。但是对消费者来说这意味着什么呢？这 5 克对你的市场来说重要吗？我并不这么认为。

我最喜欢的风险投资人之一总会问创业者下面这个问题：

请描述你的消费者生活中的一天。你的产品是如何嵌入他们的生活的？

如果创业者无法回答这个问题，这对于风险投资人来说就是一个红色警报。我们更愿意见到那些对消费者了如指掌的创业者。不仅如此，我们总是在寻觅那些能够把市场分块，清晰区分每个客户群体的需求，并且选择最需要服务且最有利可图的客户群体的创业者们。显然，细分客户群和寻找目标客户群是非常关键的。好的客户细分要求准确和细致地了解客户人口构成、教育背景、购买动机和购买模式。初创企业由于资源有限，无法承受完全了解整个市场的成本。

如果公司的客户数量少、规模大，特别是处于公司服务供应商的市场中，那么基于经验主义的市场尽职调查就相对容易得多。风险投资人总是要求你提供客户名单，以此来了解他们为什么会选择你的产品。所以你要事先给客户打个电话，让他们有所准备。风险投资人会问的问题包括以下这些：

- 你在公司内部的角色是什么？
- 你在公司内的任期是多长？
- 你能否描述一下你的公司和这家创业公司的关系？
- 你是否使用过其他竞争者的产品？如果使用过，你能否解释一下你为什么选择了这个产品？

• 你觉得产品在哪些方面还能有进一步改进？

• 在何种条件下，你会继续保持对这家公司产品的忠诚度甚至把它推荐给其他人吗？

如果公司所在的市场用户数量多、规模小，通常是消费品市场，风险投资人就会很难全面调查整个市场，这几乎是不可能的。在这种情况下，他们就会关注市场中的小样本群体。

市场有多大

这当然是风险投资人关于你的目标市场要问的最重要的问题。很明显，风险投资人会更倾向于规模较大的市场，而你所在的市场也应该是这样的；否则，你根本不需要在这个市场上浪费你的时间。这种倾向的背后有几个原因：首先，规模大的市场能保证公司获得更多的收益回报，这也就意味着风险投资人能获得更多的收益回报；其次，大一些的市场能够为试错提供更大的空间。在规模较小的市场中，一次失败的新产品推出活动就会在圈子里像野火一样蔓延，降低了你挽回失误的可能性。在一个巨大的市场中，即使是一个表现平平的团队也能创造出一个盈利的局面。当我们讨论规模的时候，我们说的并不是需要大量的消费者，而是市场的价值。有的市场只有少数客户，但是这些客户会消费价值数十亿元的产品。

好的市场不只是由它的规模所决定的，还要考虑它的增长率。初创企业更容易在一个高速增长的市场上获得发展。因为当市场处于高速增长的阶段，产品供应不能满足需求，因此在短期内制造了一个不平衡的市场。这种情况会缓解初创企业的竞争。赢得市场份额会容易许多，从其他竞争者那里抢占市场份额也将更容易些。市场中的竞争者会忙于应付突然增长的需求，而不是应对市场份额的下降，因为桌子上的食物够每个人吃的！

创业者要避免过分乐观。我见过很多创业者带着他的演讲来找我。当演讲到“市场份额”这部分时，他们中很多人都开始描绘市场规模有多大，就像市场规模和中国人口一样。然后，他们就会试图在风险投资人面前表现得保守一些，说他们只需要这么大的市场份额中的百分之一就够了。这种游说演讲就像这样：

我们的目标市场是一个价值 10 亿美元的大市场。我们只需要这个市场 1% 的份额就能在第一年保证收支平衡。

对于我们来说，这句话经常就是成交杀手。因为这很显然就是在资源有限的情况下，公司想要上演蛇吞象。当然，市场规模是 10 亿美元，但是你能从一开始就把目标设为整个市场吗？在这些案例中，最好的办法就是重新梳理这部分讨论的结构，鉴于公司的有限资源，提交给我们一个把目标定为某个细分市场的商业计划，而在这个市场中的领导者的市场份额为 30%。这意味着你需要非常清楚你目标客户的类型。

这就是为什么风险投资人倾向于给那些目标锁定在细分市场中取得 30% 市场份额的公司投资的原因。经验告诉我们能够取得多于 30% 的市场份额的公司总是会赚钱的。任何低于 15% 的市场份额都将导致公司在市场中惨烈的失败。风险投资人也希望搞清楚这种快速增长是否是可持续的，以及到底可以持续多久。举例来说，非典危机和印尼火山爆发都导致了短期内对口罩的需求陡然上升。

那么你该如何描绘市场潜力呢？你可以引用商业专家的话，列出重要数据和商业报告中的行业动向。你应该已经从为制订商业计划而做的市场调查中获得了这些数据。如果你能够详细介绍政府是如何鼓励这个行业发展的话，那就会让你的项目更具说服力了。

你将如何把产品送到客户手中

这是在尽职调查中最容易被忽略的问题之一。创业者们在被问到这个基本问题的时候，经常迷迷糊糊的。不管产品多么杰出，没有一个完善的分销渠道也无法在市场中取得成功。初创企业经常受困于这样的局面：产品推出了，却无法很快抵达消费者手中。这时候，公关危机已经形成，并且很难弥补。许多公司的失败就是由于他们在分销渠道上的失败，这个失败包括错误地选择分销渠道，以及没有好好地开发和维护这个渠道。这种问题在中国和印度这样人口数量很大的国家表现得尤为明显。

对于所有的公司而言，要不就是自己分销产品，要不就是通过中间商。初创企业选择后者是完全可以理解的，由于他们没有足够的财力和人力来维护整个供应链。所以，在这种情况下，我们会将精力集中在了解你与分销中间商的关系上。在去找风险投资人之前，能够有一家成熟渠道的大分销公司愿意承担你的产品的运输工作将对你的项目很有帮助。和大分销公司签署一个合同提供了一个信号，你的产品已经通过了另外一家大公司的深度尽职调查，并且获得了认可。

你的公司能赚钱吗

很显然公司会赚钱。可能不是现在，但是未来肯定要赚钱。所以我们到底是要问什么呢？当风险投资人问你这个问题的时候，他们想问的是项目利润率有多大以及是否有实现维持收入来源的潜力。达到 50% 的利润率就能够允许你犯错并且意味着风险投资人能获得最好的投资回报。

风险投资人总是要寻求那些不是一次性的收入来源，他们需要可持续的收入来源。想想看，你愿不愿意每年都时不时地回去准备一份详细的商业计划，然后再经过几轮的演讲只是为了能签一个一年期的合同呢？一家收入来源可持续性较为有限的公司将很难不断签到新的合同。最重要的是，可持续的收入来源为未来提供了一份可控性。

谁是你现有的以及未来的竞争者

“我们没有竞争。”在被问到这个问题时说出这种话的创业者会立即被请出门外。我们在前几章中说到过，如果市场缺乏竞争，它要么是一个极其新颖的领域，要么是没有足够的吸引力，也就是说收益率不够。有一定的竞争会证明市场的吸引力。通常情况下，这个问题反映了创业者有多了解他的市场。

除了了解你的竞争者是谁，我们也想知道你面临的竞争到底是什么。对于我们来说，了解你所在的市场上的竞争业态是极其重要的。我们想要你告诉我们它是垄断、寡头还是完全竞争的。

当我们对竞争环境做尽职调查的时候，我们会定期给你的供应商和合作方打电话，来获取竞争者的产品、生产能力、市场份额、优势劣势、策略和计划方面的信息，或者来发现行业中其他的后起之秀。

你优势何在

可能关于这个问题更好的说法是你的优势能保持多久。可持续的优势能够保证公司在生命周期中的各个成长阶段都保持优势。如果公司一直在竞争中保持领先，这就会增加获得可观收益的可能性。

我投资的大部分成功的公司都在如下三个方面具有优势。

- **资源**。某些公司拥有其他竞争者没有的资源。如果这个资源不是创业者自己所有的话，为了保持这个优势，最好的情况应该是公司与拥有这些资源的实体签署一个排他性的协议，协议期限要尽可能地长。
- **技术**。这是指对别人都没有的技术的所有权。初创企业经常会开发出很多技术，这个能使他们保持短期的优势。但是，这只能保证一段时间，因为市场上的竞争者会很快扑上来，其他公司可能会以更低的成本开发相同的技术。风险投资人更喜欢那些展示出在严酷的竞争环境下仍旧拥有不断创新能力的公司。
- **法律**。此项在大部分情况下与知识产权以及其他专利有关。

除了这些外在因素，还有很多固有因素，这些因素和你的产品相关。你需要阐明你的产品在特性、可靠性、质量、易用性、售后服务等方面与其他产品有比较优势，当然，不要忘了价格。

甜点

如果你是个冒牌货，风险投资人能不能发现？当然能！在尽职审查过程中，你的公司会被大卸八块然后再粘合在一起。你就做好每个弱点都被扒出来、每个瑕疵都被暴露无遗的准备吧。下面就是一家公司试图掩盖问题，却被风险投资人在尽职审查过程中发现的案例。

案例分析：建造空中楼阁

作为一位风险投资经理，我看到太多尽职审查过程中所发现的隐藏问题的事例了。某些人以为尽职审查就是对精力和资源的浪费，但是事实上它却是投资过程中很重要的组成部分。

在那些我在尽职审查过程中中断合作的公司中，一家中国的农业公司非常具有代表性。这家公司在中国西部生产肥料。据说，这名创业者发明了一项生产基因修复肥料的革命性技术，这项技术可以提高粮食作物在极端恶劣环境下的适应能力。由于中国西部正在经历大旱，影响了农民的生活，当地政府已经开始和该公司洽谈，协商增加肥料的产量。很明显，市政府准备提供一系列优惠政策，包括为更低价的土地提供资金。

政府在这里扮演什么角色？你只要看看全省的经济状况就明白了。该省大部分经济都是依靠农业。所以，如果这个肥料真的有效，那么整个省的国民生产总值都会翻几番。如果政府迈出这一步，成为该公司的有力支持者，对于我们来说将是对于投资非常有力的支持条件。

对市场的前期调查没有任何预警迹象。但当我们深入调查时，有些特别的情况就出现了。

首先，公司告诉我们他们正与一家以色列研发机构合作开发这种肥料。我们决定给这家以色列公司打一个突袭电话。创业者可能觉得我们会忽略这一步，但就像之前提过的一样，我们是不会放过任何一块没有翻开过的石头的。于是接下来发生的事情简直令人难以置信。接电话的研究人员完全不清楚状况，根本无法好好交流。我们不知道他是否真的是研究人员，也无法确认他们是否真的在与这家中国公司合作研发革命性的肥料。

这家公司可能没有预计到这些，但是我们决定继续跟进，要来了这家以色列公司的联系方式，去以色列看了这家研究机构。结果如何？大楼空空如也。里面一个人都没有。

事情越来越糟糕了。我们雇了更多的调查人员，很快就发现了政府与公司的合作也只是处于口头讨论阶段。根本没有备忘录，什么都还不确定。进一步的调查发现只是公司创始人的某位亲戚是市政府官员而已。

我们见面讨论了一下这些发现，决定终止合作。那个空荡荡的以色列研发机构是一个问题，没有政府的合作承诺也是一个问题。很有可能一切都还在讨论的初期，大概市政府只是由于创业者亲戚的关系碍于情面给了他一次见面的机会。不管是什么原因，公司前景肯定不容乐观。

故事寓意

风险投资人是不会放过任何一个问题的。如果你提到了什么，那么最好确定它是真的。不然的话，你的信用和声誉将会受到损害，你就可以和风险投资说拜拜了。

尽职调查 3：财务尽职调查

用传统方式来对初创企业进行尽职调查是很有挑战性的。原因是公司缺少过往业绩的历史数据。不仅如此，大部分初创企业的估值与其雇用的大腕级管理团队成员息息相关。这些都不能反映在财务报表上！因此，对于公司来说，以短期（一年）以及中期（三年以内）的商业策略的成功实现为前提，做一个预期现金流是非常重要的。

某些创业者会争辩说由于商业环境的变化，要做出一个准确的现金流预测是不可能的。但是风险投资人还是会要求提供一个基于现实的现金流预测，来看看创业者团队是如何看待未来几年公司的表现的。这是因为这些预测提供了公司对未来如何或者打算如何使用相关费用的理解。用门外汉也能懂的话来说，这就是要看看公司是开销太多还是太少。这些预测还可以提供他们对商业模式的理解——消费者是否接受他们的产品，公司预计他们的客户以多快的速度增长以及公司以何种方式从客户那里收回现金。同样，你的财务预测还应该包括脚注，用以解说你用来作出预测的假设。没有脚注，财务预测就没有任何意义了。

尽管财务报告很重要，但是年轻的初创企业很少认真准备财务报告，这对我们来说是一个红色警告。因为它明确地体现出了公司在数据运营方面没有足够重视，很显然，公司没有认真使用财务数据来指导公司未来的发展。

你每个月要烧掉多少钱

烧钱率对风险投资人来说是非常重要的概念。实质上，烧钱率的定义是公司每个月消耗的资本数额。其组成部分包括工资和月租金等。它之所以关键是因为它代表了公司不断汇总各项花销的速度。如果再深入分析，你还可能发现这个比率决定了公司资金会以多快的速度耗尽，以及下一轮融资该在何时启动。在很多案例中，融资耗尽得太快，以至于远远快于下一轮融资，这对于风险投资人来说当然是一个红色预警信号。

创业者倾向于使用资本来获取新的资源，比如雇用新人，同时期待收入能够和花销同步增加。但是，通常的情况是，收入比预计的增长要缓慢得多。所以总是要保持较低的烧钱率，以确保公司在下一轮融资前不至于现金枯竭。但是，不要错误地理解我的意思。我并不是说花销是件坏事，我的意思是在某个阶段多余的花销是件坏事。所以，在迈入可以有更多花销的阶段之前需要明确的阶段性成果，我们也是在寻找意识到这一点的创业者。

公司赚的钱够用吗

当创业者来找我们的时候，我们知道他们是要寻求资金的帮助。让我们知道他们试图获得多少资金很重要，这决定了他们要用这些资金干什么。经常会发生公司融资金额太小的事情，原因是他们不想放弃对公司太多的控制权。对于很多这类创业者来说，他们会很快认识到他们融资量太小，然后急于达到符合下一轮融资条件的阶段性成果，结果却是放弃了更多的股权；相反地，融资太多也很危险。对于那些我们已经提供了融资的创业者来说，他们会开始想要提高工资，而这就反映了财务纪律的缺乏。如果他们真的这么做了，公司资金将会被严重稀释，这对风险投资人来说就是另外一个红色预警。所以，作为一个寻求融资的创业者，你需要非常清楚地说明融资的目的是什么。你要仔细审阅每项花销，通过头脑风暴的方式来确定是否有必要为此融资，这将对你很有帮助。

甜点

数字并不能代表全部，但是它们的确能够说明很多问题。风险投资人阅读你的财务报告就像孩子看一本童话书一样。如果你的财务报告本身就是鱼肉，那么就要做好面对刀俎的准备。如果你不能好好解释为什么这些数字看上去不合情理，那么就别想什么融资的事情了。

案例分析：可疑的财务数据

我吃过的最好的快餐之一是出自一家中国台湾公司，他们正在寻求在大陆市场的扩张。这个公司的餐食很好吃，公司潜力巨大。

当我们想到快餐的时候，我们总是立即想起食物多油脂的麦当劳和肯德基。而这家公司的计划是改变这种观念。快餐食物并不意味着你要牺牲健康。所以，他们不提供炸鸡，他们供应的是同样很好吃的蒸鸡。他们不提供普通的大米饭，而是供应杂米饭。餐厅里所有的食物都是有机的，连面粉都是。

这家公司商业理念的核心是基于过去几年中国国内对食品安全和卫生的担忧。例如，有毒奶粉事件在国内所引起的轩然大波。很显然在这种危及食品安全的事件曝光之后，消费者更愿意为有品质的、干净的食物花更多的钱。这家公司还加入了第三个维度：快速。

当他们带着商业计划来找我们的时候，他们已经有一些可以展示的成绩了。尽管他们刚成立不到一年，但已经在大陆成功开立了三家门店。更重要的是，这三家店的经营状况都非常良好。他们有扩张计划，但是扩张需要资金支持。这就是为什么他们来敲我们的门。

该公司首席执行官萨缪尔是一位很有商业智慧、温文尔雅的创业者。他做了一个非常优雅的游说演说，说服了我们这笔交易是非常值得一看的。我们被他们的过往业绩打动了，同意审核一下他的商业计划。到财务尽职调查阶段之前，一切都顺风顺水。在这个阶段，我们注意到了两个重要的成本。

首先，与其他餐饮行业公司相比，这家公司的原材料成本相对要高。当我说“相对要高”的时候，我的意思是这家公司的成本是其他公司的两倍还多。这很令人担忧，因为高涨的成本会消耗利润。无论销售表现多好，如果利润很薄都无济于事。

我在和萨缪尔及其团队会面时提出了这个问题。但是他们坚定地认为原材料的成本是合理的。“我们以自己提供完全有机的食品而自豪。我们使用的大部分原材料都是要从海外进口的。这也是为什么我们的成本很高的原因。”

“但是你能不能采购当地的原材料作为替代呢？”我问道。这非常关键。如果无法很容易地获得原材料，公司扩张的能力就会被牺牲。公司会过度依赖于供应商。

“不可以，”萨缪尔坚持道，“我们在本地不能获得相同质量的食材。”

这是红色预警之一。第二个红色预警更具争议。它是关于夸张的娱乐消费。有这方面的消费很正常，但是公司十分之一的销售收入都用在了这个项目上。

“这些花销目的是什么？”我问。

“娱乐消费很正常啊！”萨缪尔回答道。

“但是用于做什么呢？你有详细的分解吗？”

他们无法提供符合我们要求的足够详细的解释。很多项目非常模糊，比如只写了“食品”。我们不知道他们去了哪家餐厅，不知道每次娱乐活动有多少人参加，这也是一个红色预警，因为我们无法确定盈利是否会被奢侈、无节制的娱乐消费所消耗掉。

最终，我们的选择是不向这家公司提供投资。我后来听说他们也被行业内的其他兄弟公司拒绝了，原因也是在财务尽职调查过程中发现的不合规问题。我最后听到的消息是，由于公司与某个腐败的政府官员有瓜葛而正在接受调查。

故事寓意

你要确保你的财务状况没有什么可疑的地方，做好迎接严苛问题的准备。如果你无法说服风险投资人你的财务状况良好，那么他们很可能在财务尽职调查的过程中放弃和你的合作。

第12章

弄懂投资条款说明书中的专业术语

前菜

什么是条款说明书？理解条款说明书时你需要知道哪些重要的法律和财务名词？你该如何用条款说明书来进行谈判？

我共事过的很多创业者把条款说明书视为几个月磨人的高强度融资准备工作的最后阶段。但是，把条款说明书当作整个过程的结束是一个非常严重的概念错误。这么想会降低你的警觉性，特别是当你处于讨论未来投资的状态时。在进行下一步之前，让我们先来解释一下什么是条款说明书。

条款说明书为创业者提供了交易条款的大纲。当风险投资人想投资给一个创业者的时候，他们就会做一份条款说明书给他。它实质上是一个意向书。这个文件的主要目的有以下两个。

• 向投资人提供投资协议中与法律相关的关键法律及财务名词摘要。

• 提供交易定价。例如，它会告诉你风险投资人打算向你投资的准确数额。

当然，条款说明书里会有你不太想接受的条款。要想和风险投资人好好谈判，你就得用他们能够理解的语言，而要使用这种语言，你就得学会它！

赢家熟练掌握了条款说明书的语言。他知道如何尽可能地争取到最好的条件，他也十分清楚特定合同条款的风险点。

“中等生”谈判得还不错，但是在某些部分的表现就不尽如人意。原因是他不知道某些条款所带来的后果。从短期来看，一切都还好。但从长期看来，这些小疏忽的后患就会回过头来找他。

失败者则完全不理解条款说明书。对他来说条款说明书就跟用外语写的一样。他同意了风险投资人提出的几乎所有条件，结果是达成了一笔糟糕的交易。

那么你该怎样做才能从一个失败者变成赢家呢？仔细阅读本章，研究我们放在每个主要部分结尾处的“最优情形”。这些都是你的目标，但是要记住并没有百分之百完美的情形。谈判的实质就是取舍。只要保证你是在保护自己的利益就行。

主菜

你需要知道你将会听到的常用术语和条款。这部分会详细讲解这些术语和条款。

投资金额

条款说明书这一部分描述了融资的金额。这里有两个你需要知道的概念——交易前估值和交易后估值。

交易前估值是指公司在新一轮融资发起前的估值。风险投资人用它来决定他们将获得多少比例的公司普通股作为投资的回报。举例来说，X 公司的交易前估值是 1 000 万元，而风险投资人投资了 500 万元。如果当时的购买价格定为 1 元，那么风险投资人将拥有公司的三分之一（33.3%），也就是 500 万股的普通股。交易后估值是指风险投资注入之后的公司估值。计算方法是简单地把投资价值加入交易前估值即可。用相同的例子，风险投资人投资后，X 公司的交易后估值是 1 500 万元（即 1 000 万元 +500 万元）。我们在估值一章里有更详尽的讲解。

有价证券

当我们投资一家公司的时候，有很多方式，包括发行股票（普通股或者优先股）、可转债、担保或者期权。

普通股

普通股代表了对一家公司最基本的所有权。在这类所有权上没有附加任何特别的权利。普通股持股人有权在股东大会上对相关事务进行投票。

风险投资人很少通过普通股投资。虽然这类股票非常常见，但是风险投资人可不想那么普通。作为风险投资人，我们通常都想要更多的权利来保护自己的利益。举例来说，我们想要通过股息分红获得更高收益的权利，我们想要在时机成熟时推动公司递交首次公开募股申请的权利，我们还想要保护自己所持股票不被稀释的权利。上述权利还只是冰山一角，但是已经可以给我们一个大概的概念了，它让我们知道在一笔投资中我们该为保护自己的利益走多远。

不仅如此，当我们投资一家公司的时候，我们还希望通过投资来获得对公司的某种程度上的控制。如果我们为投资而发行普通股，这就把我们和公司创始人放在了同一个位置上，他们通常只持有普通股。这对我们控制公司的目标几乎没有帮助。

优先股

与投资普通股相比，我们更愿意选择通过优先股来进行投资。优先股是有优先权利的股票。和普通股相比，优先股是在公司资本结构上更高级别的投资工具。要解释这个，让我们先假设一家公司决定倒闭，那么它首先就需要进入清偿程序。清偿的意思是把公司的资产，如生产设备转化成现金，以便在各个当事人之间进行分配。在清偿过程中，债务人是对资产拥有优先处置权的第一批当事人。这中间的道理是，公司必须首先清偿全部债务，股东才能分配剩下的现金。清偿债务之后，优先股和普通股持有人会把剩下的东西分了。当公司向股东支付股息的时候，优先股持有人通常是优先于普通股持有人的。

同时，优先股还有其他优先权利。我们会在后面详细解说。这些权利包括但不限于清偿优先权、反摊薄保护、赎回权以及获取信息权等。

清偿优先权可能是优先权中最重要的。让我们回到那个打算倒闭的公司的例子里，在清偿债务之后，优先股和普通股持有人就会开始分食公司残余的资产。拥有清偿优先权让优先股持有人排在普通股持有人之前，所以一旦进入清偿程序的公司清偿了全部债务，优先股持有人就会被允许拿走自己的部分，把留下的残渣交给普通股持股人，如果还能剩点儿什么的话。

贷款

风险投资人还可能选择通过贷款来为公司提供融资。这类融资是让公司承诺在获得投资后，以见票或者约定日期的方式，向风险投资人支付一定数额的资金，通常包括利息。不用说，公司向风险投资人贷款通常是没有抵押的，因为初创企业没有什么资产作为抵押品。此类风险投资人贷款也通常是次级的，这意味着当公司倒闭清偿的时候，风险投资人作为债务人，只能在清偿程序中排在其他那些有抵押物的债权人的后面。但是，他们的清偿排位会比那些通过优先股和普通股投资的风险投资人靠前。

这听起来不错吧？如果你的公司不得不面临破产局面的时候，那这可能的确是不错。那么让我们设想另外一种情景，当公司运营非常好的时候，随着其他投资者的加入，它的估值会逐渐增加。因为风险投资只是为公司提供了贷款，所以它无法参与公司的潜在成长。最重要的是，给公司提供贷款并不能让风险投资人对公司的运营有任何发言权，这限制了风险投资人对公司的控制。风险投资人也没有获得公司信息的渠道，所以对这个创业项目可能毫无控制。

为了应对这种局面，大部分风险投资人的做法是在贷款上配一个可转换期权。这意味着他们想要一个能够把贷款转化成股票的期权。我们会在后面详细讲解可转换期权，但是它的实质就是保护风险投资人不受初创公司的不稳定因素影响，并且享受初创企业成熟后的发展成果。这类贷款的一个例子就是过桥贷款。

顾名思义，过桥贷款是向公司提供的一个暂时过渡贷款，用以保证目前运营的持续性，直到公司可以获得更多传统的基于所有权的风险投资。通常情况下，这个过渡时期只是临时性的并且持续时间相当短。让我来举一个过桥贷款的例子。如果风险投资人在考虑投资 X 公司，那么尽职调查程序就有可能要花费 5 个月的时间。但是，公司已经无法承受等待整个交易过程达成所需的时间了，到那时候肯定已经资金枯竭了。所以在这种情况下，风险投资人可能会先给公司一个过桥贷款。在尽职审查程序结束后，风险投资人如果还想要继续投资，那么过桥贷款就会被转化成股权。

期权

某些风险投资人可能还会要求和贷款一起获得一个期权。期权给了其持有人一个在某个特定期限内、以某个特定价格获得一定数量的股票的权利。所以如果公司运作良好，风险投资人可以行使手头的期权，以之前确定的价格（通常在市场价的基础上打了折）购买股票，并且享受股票的升值。这可以看作是风险投资人向公司发放贷款时的一个附加优惠条件。我们能看到，期权对风险投资人有利，原因是和后来的投资人相比，早期的投资人通常要承担更高的融资风险和其他非正常风险。

公司估值

这部分表述风险投资人对你的公司的估值。在下面的内容里，我们会和你分享几个决定公司现有估值的方法。

市值表

当一家初创企业获得了投资，公司的股权结构就会产生实质上的改变。首先，创始人的股权会被稀释。其次，风险投资人的股份分配是在投资完成后实现的。为了使股权结构透明化，条款说明书通常会附加一个市值表格。这个表格展示了公司的股权结构在投资前后的变化。

市值表还向风险投资人提供了公司发行的全部有价证券、公司的各主要股东、公司经历过几轮融资、每轮融资的不同投资金额以及每个股东所持公司股份等情况。这些信息通常通过一个 Excel 表的形式或者表格的形式呈现出来。市值表的一个简单例子详见表 12—1。

表 12—1 简单的市值表

		投资前		A 轮投资		A 轮投资后期权池稀释	
		股票数	持股比例	股票数	持股比例	股票数	持股比例
创始人	赫克特	100 000	50%	100 000	33.33%	100 000	30%
	温斯顿	100 000	50%	100 000	33.33%	100 000	30%
投资人	Timbuktu 风险资本		0	40 000	13.33%	40 000	12%
	海洋风险资本		0	60 000	20%	60 000	18%
期权池	股票期权池					33 333	10%
汇总		200 000	100%	300 000	100%	333 333	100%

单位：元

交易前估值	2 000 000
每股价格	10
交易后估值	3 000 000
含期权池的交易后估值	3 333 330

对创业者来说，市值表也为他们提供了投资前后自己对公司所有权变化的信息。每轮融资之后，创业者的所有权比例都在下降。所以公司需要非常

精准和确定地预估共计需要几轮融资以及每一轮需要从新的以及现有投资人那里获得的融资数额。

从风险投资人角度来看，一家公司的市值表会体现出创业者是否已经为了融资放弃了过多的所有权。很多创业者倾向于在前几轮融资中把过多的所有权分配给投资人，包括天使投资人、孵化阶段投资人、朋友以及家庭成员。虽然风险投资人希望在他们投资的公司中拥有更多的股份，但是他们也希望看到更多的股份在那些驱动公司成功的关键雇员手里。这是因为，在这种情况下，创始人和他的关键雇员才会有更好的成长激励，进而推动公司的成功。

融资使用

条款说明书的这个部分注明了投资资金怎样才能被很好地使用。你可能会问为什么要提前约定好这些内容，原因很简单。风险投资人需要知道他们所投资的资金的明确用途，他们需要确保资金投入到公司是用来服务业务发展而不是用来收购原始投资人的股票的。这是因为当公司处于发展阶段，每一块钱都要用在刀刃上。如果公司希望利用新一轮融资得来的资金踢出现有的投资人，那用于公司运营的资金就会减少。总有一天，公司会再次用光全部的融资资金，又不得不再发起新的一轮融资。

优先股股息

如果投资模式选择的是优先股，那么优先股持有人就会要求获得股息。通常情况下的股息率会保证达到累计 20%。这就要求公司每年向优先股投资人支付 20% 的股息。优先股同时保证其持有人优于普通股股东获得股息分配。

优先股股息可以是累积的，也可以是非累积的。对于非累积的优先股股息，如果公司某一年没有支付股息，公司不需要把未支付的股息金额加在随后的年份中。而对于可累积股息来说，公司在每个约定期限（半年或者一年）支付股息是强制的。如果股息在当期未被支付，那么金额将累积到下一个股息支付期限，和下一期股息一起支付。累积股息通常更受大部分的风险投资人欢迎。

最优情形

作为创业者，需要特别关注的一件事情就是保证股息声明被大部分甚至是绝大部分的董事会成员通过。在为此谈判的时候，如果你无需声明股息的话，就会为你争得额外的生存可能。

同时，有几个累积股息的优势需要特别注意。对于创业者来说，由于你欠风险投资人一大笔钱，所以支付累积股息会是非常沉重的打击。在这种情况下，你可以通过协商来争取一个有条件的股息支付条款。比如，风险投资人只在公司盈利的期间有权获得股息。如果公司在某些年份没有盈利，那么就无需分配股息。你还可以争取到只有达成某些阶段性目标之后才累积支付股息的条件。例如，在产品研发阶段股息只累计不支付。还可以有这样的条款，只有在投资后的一段时间后才会支付股息。

清偿优先权

提到清偿优先权就意味着最差的情况发生了——清偿通常发生在公司放弃运营或者破产的情况下。为了保护他们的投资，风险投资人通常希望在他们的优先股上绑定清偿优先权。那么，清偿是怎么操作的呢？在清偿之后，债务人的债务会被偿付。全部债务偿付以后，清偿优先权条款就会让优先股持有人排在普通股持有人之前了。

然后，优先股持有人会获得清偿中特别注明的金额，剩下的收入和资产就会在普通股持有人之间分配。相关的法律术语如下：

在清偿发生时，优先股持有人将优先于普通股持有人获得每股相当于原始购买价格X倍（包含任何已声明未支付的股息）的金额。

通常情况下，风险投资人通过清偿优先权获得的是优先股原始购买价格加上除了已支付部分的股息外的任何应记的金额。在某些情况下，风险投资人并不满足于原始投资的金额，还想要两倍甚至更高的优先清偿权。

除了优先清偿权，有些风险投资人可能还想要参与后续瓜分公司的权利。这就是说，在清偿之后，债务偿付了，然后就是优先股持股人，随后，普通股持股人最后对清偿过程中剩下的资产拥有处置权。在这个节点，如果风险投资人有参与权，他们还可以和普通股持股人分享剩下的资产。相关的法律术语如下：

在优先股持有人行使了优先清偿权之后，剩余资产应按比例在普通股持股人、优先股持股人中在假设已完成转换的基础上分配。

我们也称之为完全参与的优先清偿。所以，通过参与权，风险投资人有两个收回投资的途径，还有一个不同的参与权。这就是限额参与的优先清偿。相关的法律术语如下：

在优先股持有人行使了优先清偿权利之后，剩余资产应按比例在普通股持股人、优先股持股人中在假设已转换的基础上分配。条件是优先股持股人获得每股相当于原始购买价格 X 倍（包含任何已声明未支付的股息）后，将放弃参与清偿。此后，剩余的资产应按比例在普通股持股人中间分配。

拥有限额参与的优先清偿权的风险投资人在参与剩余清偿程序分配的时候，依然能够获得他们“被保证的”金额。但是，风险投资人在本轮获得的金额的上限就是他们投资的金额。如果在优先股和普通股持有人分配后还有剩余，这些剩余资产就只能在普通持股人中分配了。

最优情形

很遗憾，清偿优先顺序成为了条款说明书的一个标准部分。虽然风险投资人认为这个清偿优先顺序只有在公司失败的时候才会启动，创业者只要保证公司运营顺利就不用担心，但不幸的是，创业从来都不是一帆风顺的，总会有跌宕起伏，有一些起伏会最终导致公司失败。所以，创业者要尽可能降低这个条款对自己的影响，建议清偿支付金额等于原始投资金额，并且是无参与权的清偿。

股权转换

在前面部分提到，某些风险投资人只通过优先股投资。会有转换期权让优先股转换为正常的股份。在条款说明书中的法律术语如下：

优先股持有人拥有在任意时间把优先股转换为普通股的权利。最初的转换比率为 1∶1。

那么转换是如何实现的呢？当我讨论转换的时候，我们就需要知道转换率，即价值 150 000 元的股票能够转换为多少股？把优先股转换成普通股最直接的方法就是 1∶1 转换。另外一个转换方法就是基于渐变公式。优先股的转换率已知：

转换率 = 原始每股价格 / 转换价格

转换价格在可转换有价证券发行时确定。举例来说，持股人以每股 1 元的价格购买了股份。如果转换价格是 1 元，那么转换率就是 1∶1。在这个情况下，持股人的 1 000 份优先股可以全部被转换为 1 000 份普通股。

对于创业者来说，知道转换率是多少以及何时会发生转换非常重要。风险投资人会要求按照他们的意愿和时间表来进行转换（或者叫作“自愿转换”)。风险投资人通常会保留自动转换条款。

自愿转换给了风险投资人按他的意愿自由地在任意时间把优先股转换为普通股的奢侈权利。而自动转换要求优先股持股人在某些特定事件发生时行使转换权，这些事件包括首次公开募股以及股权转让等。下面是在条款说明书中的法律术语：

以如下事件最先发生为准，每股优先股应以当时适用的转换率转换为普通股：(1) 由股票交易所以每股上市价格确认对股票上市进行承销结束时。此价格至少应为购买优先股每股价格的 X 倍，加上上市收益中超过 X 百万的部分；或者 (2) 股东确认同意将超过流通优先股的 X% 的部分转换。

大部分的风险投资交易中都会要求含有在合格的首次公开募股时自动转

换的条款，以此作为一个安全措施。这个要求是强制的，因为承销商更愿意所有股东持有相同条件的股票。一家有风险投资的公司在上市时还有各种条件的股票，这种情况是极其罕见的。为了提交首次公开募集申请，公司必须获取风险投资人的大力配合，或者达到首次公开募集的标准。

赎回权

风险投资人要求的另外一个权利就是赎回权。这也是一个为了最大限度降低风险投资人风险的条款。典型的赎回权条款是这样的：

公司应将封闭后第 X 年开始流通的优先股赎回。这种赎回权应以包括已声明未分配股息的原始购买价格执行。

赎回权使风险投资人强迫他们投资的公司在一段时间后以双方认可的价格购买他们的股份。很显然，如果行使赎回权获得的收益远远低于从首次公开募集或者并购中获得的收益，那么风险投资人通常不会行使赎回权的。但是，当公司经营不善或者投资周期接近尾声公司想把资金归还投资人的时候，风险投资人通常会选择执行赎回权。

最优情形

作为风险投资人，你可能会要求风险投资人行使赎回权。由于让他们把手里的股份卖回给你，是让你有重新获得公司控制权的一个附加途径，所以这对你来说十分重要。

反摊薄保护

公司在首次公开募集或者股权转让之前经过几轮的融资是司空见惯的事。所以，在每轮融资时，创始人和前几轮的投资人都会经历股权被新的投资人稀释的过程。不用说，所有的风险投资人都不愿看到自己的股权被稀释。所以，为了应对这种情况，风险投资人希望获得限制手中股权被新一轮融资稀释的权利。在我们继续之前，先看一下关于反摊薄权利的定义：

公司增资扩股时，优先股的转换价格都将通过（棘轮条款 / 无条件限制的 / 有条件限制的 / 加权平均）调整的反摊薄方式来减低股权稀释。

不知道什么是棘轮条款/无限制条件的/有限制条件的/加权平均？我们马上会逐一解释。先让我们假设公司的现值表（详见表12—2）。

表12—2 新一轮融资前的持股价值

单位：元

	投资金额	股票数	股份	每股价格
创始人		10 000 000	80%	
原投资人	2 500 000	2 500 000	20%	1.00

很遗憾公司没能达到阶段性目标，需要新的一轮资金注入。这种情况下，风险投资“B”介入，并且提出以每股0.8元的价格共计100万元买入125万股（详见表12—3）。

表12—3 新一轮融资后反摊薄调整前的持股价值

单位：元

	投资金额	股票数	股份	每股价格
创始人		10 000 000	72.7%	
原投资人	2 500 000	2 500 000	18.2%	1.00
新投资人	1 000 000	1 250 000	9.1%	0.80
		13 750 000		

这时候，原投资人所持股份价值会从250万元减少到200万元，即：

$$0.8 \times 2\,500\,000=2\,000\,000$$

由于原投资人有反摊薄权保护，新的转换价格是0.8元，所以原投资人就会获得62.5万股作为补偿以保证他的股份价值仍为250万元，即：

$$0.8 \times 3\,125\,000=2\,500\,000$$

但是，向原投资人增资扩股的这62.5万股导致新投资人的股份从9.1%降低到了8.7%。而在现实中，新投资人不希望由于原投资人的反摊薄影响自己的利益。所以，会通过交互计算保持新投资人的持股在9.1%（详见表12—4）。

表 12—4 新一轮融资和反摊薄调整后的持股价值

单位：元

	投资金额	股票数	股份	每股价格
创始人		10 000 000	68.2%	
原投资人	2 500 000	3 333 334	22.7%	0.75
新投资人	1 000 000	1 333 334	9.1%	0.75
		14 666 667		

如果你是案例中的创业者，你会注意到自己的股权被严重摊薄了。投资人保留了他的持股价值，而你的股份却从 80% 稀释到了 68.2%。摊薄是现有投资人和股东都想避免的局面，因为每一轮的投资都会降低公司所有权占比。当公司业绩不佳而以一个较低的估值融资的时候，股权稀释的影响就更加明显了。棘轮条款的反摊薄条款使创始人和管理层都处于严重的不利地位，当他们无法达成阶段性目标的时候，他们就会被迫以较低的估值来增资。

除棘轮条款反摊薄权之外，还有比较温和的反摊薄权，被称为“加权平均反摊薄”。使用这个模式的方法有两个：一个叫“无条件限制加权平均”，另一个叫“有条件限制加权平均”。和棘轮条款反摊薄类似，当新发股份估值较低的时候，这类反摊薄保护对现有风险投资人的股份进行重新定价。主要的区别在于，这个模式考虑了新估值下新发股票的数量与融资前已有的流通股份数量的比。无条件限制加权平均公式如下：

新的转换价格 = 原转换价格 ×OP/NP

其中：

OP= 新投资人以原投资人价格投资的情况下流通股数量；

NP= 新投资人以新投资人价格投资的情况下流通股数量。

以上述例子来看：

OP=1250 万元 +100 万元 =1350 万元

NP=1250 万元 +125 万元 =1375 万元

因此，新的转换价格是 0.98 元。

从前面棘轮条款反摊薄的例子中可以看到，新的无条件限制反摊薄的转换价格是 0.98 元，这要比 0.8 元温和许多。这意味着创始人的股权稀释也减弱了许多，这是创始人很愿意看到的情况。

另外一种加权平均反摊薄是有条件限制的加权平均。公式如下：

新的转换价格 = 原转换价格 ×（X1+X2）/(Y1+Y2)

其中：

X1= 上一轮融资获得的投资金额；

X2= 新一轮融资获得的投资金额；

Y1= 上一轮投资增发的股份数量；

Y2= 新一轮投资增发的股份数量。

以上述例子来看：

X1=250 万元

X2=100 万元

Y1=250 万元

Y2=125 万元

因此，新的转换价格 = 1 × (2.5+1)/(2.5+1.25)=0.93

在有条件限制的反摊薄法下，新的转换价格是 0.93 元。这个价格要比棘轮条款反摊薄下的价格温和，但是比无条件限制反摊薄下的价格的稀释要强。我们可以看到，棘轮条款对其他持股人和创始人的股权稀释最强，而无条件限制加权平均法是稀释最弱的，有条件限制反摊薄影响居中。

最优情形

很显然，反摊薄权对创业者来说非常严苛。但是，反摊薄条款现如今在条款说明书里很常见。所以抓住每个不同类型的反摊薄权的细微差别对创业者来说是十分关键的。有时候，你要自己好好算算账，往公式里套入不同的数值，然后切实掌握股权稀释的影响，这将对你有巨大的帮助。在这三种不同的反摊薄类型中，无条件限制法毫无疑问是最好的选择。

董事会代表权

作为创业者，你必须记住天底下没有免费的午餐。在用投资换来了你的所有者权益之后，风险投资人还总会通过各种方式对你的公司施加影响和控制。他们通常是通过董事会代表权来实现这个目标的。风险投资人会争取到至少一个董事的位置。根据你的董事会规模，风险投资还会往董事会里插入足够数量的董事来有效地施加影响。举例来说，如果有 7 位董事，让他们安心接受一个董事席位会很难，因为一位董事的影响力十分有限，7 位董事中的一位的影响力只等于整个董事会的 14%。有些风险投资人可能会保留董事会中的重要位置。例如，他们会要求公司成立薪酬委员会，然后安排他们的董事来做委员会主席。这个委员会非常重要，因为他决定了初创企业中每个有资格的成员的薪酬。风险投资人很可能会抢这个职位，因为这样在未来就能避免创业团队给自己支付过多酬劳的事情发生。

董事会通常会有 3、5 或者 7 名成员。董事会规模过大会导致管理困难，特别是安排会议时间时需要配合很多人的日程。董事会成员人数一定要是单数，以此来避免投票的时候出现僵局。

某些风险投资人会要求让他们的成员成为董事会观察员的权利。这些观察员可以参加董事会会议，但是没有投票权。这些观察员看上去是无害的，因为他们不能投票参与决策。但是你要小心，可能在会议中并不是投票权影响了决策，而是要看讨论是如何被引导的。如果你的董事会中有太多的观察员，就会以你无法预测和控制的方式影响到董事会的决议。

保护条款及投票权

有很多与业务相关的决策需要投票通过。在很多情况下，公司只需要获得大于一半的票数就可以通过一项决策。但是，事情并不总是这样。有很多风险投资人并没有超过半数的股份，却仍可以否决某项决策，而这就是通过法律条款说明书来实现的。举例来说，在某些条款说明书中，风险投资人会故意加上公司需要绝对多数来通过一项决策。绝对多数是指董事会成员的大多数投同意票，即所持公司股份总和大于 75% 的董事会成员通过。所以一个持股达到 25% 的风险投资人就可以阻止一项决策的通过。

对于初创企业的某些决策，风险投资人觉得持有投票权就够了。但是对于其他行动，风险投资人却是不会让步的。在这种情况下，风险投资人就会要求保护条款，实质上就是投资人对于公司某些行动的否决权。

不用说，创业者可不愿意在法律文本上看到任何保护条款。另一方面，某些风险投资人希望通过行使否决权来对公司的一系列行动实现控制，特别是那些会影响风险投资人利益的行动。相关法律术语如下：

公司的如下行为需要提前取得投资人的书面许可。

1. 通过或修改公司的备忘录、公司章程或者任何规定性文件。

2. 增加、减少或者取消公司已注册发行的股本（包括新股票的发行），或者对于未发行股本进行增发或授予期权或者在公司资本中发行新的股票。

3. 修订公司股票上附加的权利。

4. 以股息、准备金资本化及其他方式向股东分配收益。

5. 变现或者缩小公司规模。

6. 能导致公司控制权变化的任何与其他公司的联合或者合并行为。

7. 以变卖、租赁、转让及其他方式处置公司主要部分的商誉或者公司资产，包括但不限于公司的任何知识产权。

8. 停止、改变或者扩张公司业务，或者从事与公司业务无关的业务。

9. 收购其他业务或者公司，包括子公司，或者使公司进入任何合伙关系、签署任何利润分成协议或者合资协议。

对于这些保护条款也不必过于执着。要记住，这些只是保护条款，并不会降低做这些事情的可能性。你只需要得到投资人的同意。只要从风险投资人的角度来看事情，那么他们就会同意的。我们喜欢从一开始就清清楚楚，而不是卷入对做还是不做这种哲学问题的纠缠中。

运营控制

除了对董事会的控制，风险投资人还总想对公司运营施以控制。举例来说，某些风险投资人希望成为超过一定金额支票的有权签字人，以此来对公司财务保持更严格的控制。不仅如此，我认识的某些风险投资人会要求加入能控制与高级管理职务任命有关的条款。例如，在公司确认雇用某位高级管理人员的人选之前，必须取得风险投资人的同意。

分期融资是另外一种形式的运营控制。通过分期融资，公司被迫要不断达成阶段性目标。如果没有达成阶段性目标，公司就会面临破产的风险或者以较低的估值进行融资。从风险投资人的角度来看，分期融资也是保护他们投资的一个方式。如果初创企业在融资初期就失败了，那么分期融资就降低了全部投资资金损失的风险。

优先购买权

优先购买权（Right of First Refusal，ROFR）赋予现有的股东在某些条件下购买任意股东向第三方卖出的股票的权利。股东按股份比例分配股票，如果任何股东拒绝接受所分配的股票，那么其他股东就有权按照持股比例购买这些股票。这个条款保护了投资人对公司的所有权不被稀释。

在某些优先购买权条款中，权利可能单独赋予某一个股东。相关法律术语如下：

如果股东收到包括任意股东或第三方的另外一个潜在购买者购买所持有股票的要约，那前者需要与股东 A 就相关要约进行沟通，股东 A 有权向潜在购买者出售其希望购买的数量的股票。其他股东同意只要股东 A 没有行使向潜在购买者出售股票的权利，他们就不会向潜在持有人出售他们所持有的股票。

带领权

为了实现投资回报，风险投资人会经常关注公司的退出行动，不管是以首次公开募集的形式还是股权转让的形式所做出的退出行动。但是，在公司里，并不是每个人都有同样的动机。在某些案例中，某项行动的执行需要每个股东的同意，这就很微妙了。带领权是指假设有了足够多的同意票，风险投资人就可以对公司的出售施加影响。相关法律术语如下：

如果大多数优先股股东同意公司变现或者出售，那么优先股股东和普通股股东就必须同意、不可反对该出售行为。

当风险投资人投资的公司处于发展阶段但却并没有足够的吸引力可以启动首次公开募股的时候，这项权利对风险投资人来说就很有吸引力了。失去耐心的风险投资人会试图通过股权转让的形式退出。在很多此类案例中，风险投资人的观点可能与管理层和创业者发生冲突，管理层和创业者都更愿意再等等，到公司发展到足够可以启动首次公开募股的时候再说。行使带领权的风险投资人可以在达到带领权的条件时，强迫管理层和创业者卖掉公司。

最优情形

从创业者角度来看，这也可能是一个对你有利的条款。这个条款可以强迫股东同意一项交易，而这个交易能为你省去未来的很多麻烦。举例来说，如果你想从公司里面尽快退出，但是其他股东却不同意这个提议，那么你就可以利用带领权来迫使每个人都同意你的意见。当然，你永远不应该把自己置于降价出售的境地；否则，你就会发现自己把自己拖进了一个本不想达成的交易中。

跟随权赋予风险投资人参与向新的第三方投资人销售股票的权利。当公司所有人持有多数股票并且无需征得其他股东同意即可出售控制权的情况下，跟随权对于风险投资人来说十分重要。

任何创始人转换他们的公司股份时，投资人拥有与其持股比例相同的跟随权，此跟随权不受投资人的股票转让优先购买权的影响。

购买参与权

购买参与权条款是为促使现有投资人参与后续融资而设计的。有两种基本类型的购买参与权条款需要考虑。

第一种购买参与权是指在现有投资人拒绝参与后续融资的情况下，要求风险投资人将所持优先股转化为普通股，由此失去优先股附加的全部优先权和特权。其相关的法律术语如下：

一旦启动后续融资，如果投资人有参与权却未以购买在优先购买权条款下按其持股比例计算出的股票的形式完全参与此轮后续融资，投资人所持的优先股将被转化成普通股。

第二种购买参与权是指在现有投资人拒绝以低于投资人已支付的每股价格来进行后续投资的情况下，减少对他的反摊薄保护。

最优情形

此项条款是有利于创业者的。它迫使投资人以在后续融资中继续投资的形式支持公司走出可能的困境。如果投资人不这么做，他就面临将所持有的优先股转为普通股的风险，也就是放弃了他们原有的特别权利。

创始人股份领取权

风险投资人会希望保持对创始人足够的激励，以保证其在达成阶段性目标前留在公司。为了达到这个目的，风险投资人通常要求创始人同意他们的股份受领取权条款限制，比如在未来四年内每年领取 25%。相关法律术语如下：

所有结算前发行的股票及股票等价物都受下述领取权条款限制，除非另外的领取权条款由董事会以大多数同意的形式通过：此次发行后第 n 年底领取 X%，余下的 X% 在随后的 n 年内每月领取。回购期权规定，在股票持有人任职期满时，公司或其承接人保留以最低成本或当时公允的市场价格回购持股人持有的任何未领取的股份的期权。

通常情况下，股票和期权会在四年内领取完毕。这对你来说意味着你将花大概四年的时间来获得你的全部股票和期权。如果你在这个四年期限结束前的任意时间离开，领取权条款就会启动，你只能得到任职满四年才可以获得的股份中的一部分股票和期权。

最优情形

无论如何，你都应该要求缩短领取权期限，这是考虑到你在获得投资前花费在公司上的精力和时间而提出的。或者，你可以在离开公司时要求以融资时的价格来购买未领取的股份。这么做将保护你的利益。

知情权

时刻保持对公司业务发展的了解对风险投资人来说很重要。除了要在董事会拥有席位，他们还想拥有获取公司信息的权利。这个条款赋予了风险投资人了解公司的诸如公司财务以及运营记录等信息的权利，相关法律术语如下：

若投资人持有（任意数字）股的优先股或者普通股，则公司应向投资人提供包括但不限于经年审的财务报告以及未经审计的季度财务报告。此条款在合格的首次公开募股启动时即终止。

首次公开募股条件

前期投资的风险投资人通常会在首次公开募股时对此条款提出要求。这是由于他们承担了后续投资显著摊薄他们对公司所有权的风险。设立这个条款的重要性将在风险投资人随后由于一系列原因不得不退出公司，而创业团队并不支持其退出的时候体现出来。当风险投资资金的生命周期接近尾声，创业团队不得不将投资资金归还投资人，而他们却并没有做好上市的准备时，这种情况就会发生。这些条款会强迫公司在交易所登记股票。这些条款包括利润的最低水平或者申请首次公开募股前的最低估值等。

股份回购权

股份回购权可能会包含在风险投资人的条款说明书的退出条款部分。股份回购权是对风险投资人在公司在一段时间内没有实现首次公开募股或者被收购的情况下的一种保护形式。这是一种认沽期权，风险投资人赋予自己迫使公司或者创始人团队以预先确定的价格购买其股份的权利。

最优情形

在我们的行业中，不仅仅是我们会要求创业者给我们一个股份回购期权，创业者也会要求我们给他们回购我们所持股份的期权。通过这个期权，创业者可以回购我们的股份，在公司扩张的过程中重新获得控制权。

甜点

你为什么需要对投资条款说明书格外留意？一些看似无害的事情，比如授予一个董事会观察员席位会对你的公司产生什么影响吗？在某些特殊的情况下，这样一个看似无害的变动甚至可能会给一个公司带来灾难性的后果。

案例分析：隐秘的力量

我们曾经投资过一家从事高科技开发公司，这家公司有一个令人感到惊奇的产品，它能够实时地将人声转换成文本。想想看，当你参加一场报告的时候，你可以直接将报告人的语音转换成文本——这将节省多少时间呀！我们正是这家公司第一轮的投资者，恰好赶上当时媒体对其宣传的浪潮。这家公司在过去的一段时间内连续获得了一系列奖项，势如破竹。很自然地，它迅速成为了媒体的宠儿。

这种宣传在第二轮融资中产生了效果，它引起了许多正在寻求投资项目的风险投资基金的兴趣。

不出意料，公司很快获得了新的风险投资的青睐。然而在商讨投资条款说明书的时候，新的投资者想要在董事会里为他们的投资增加三个席位，这样他们就可以在董事会里实施更大的影响了（在那时，董事会里已经有 5 位成员了）。公司的创始人团队反对这项变动。然而，新的投资者毫不妥协。幸运的是，由于当时公司运营得非常不错，还有许多其他风险投资者正排着队要为它投资呢，因此公司在与新的投资者的谈判中处于相对优势的地位。

尽管公司没有同意给投资者授予3个董事会的席位，但最终还是决定作出让步，同意授予投资者2个董事会席位和1个董事会观察员的席位。公司认为，相比于3个董事会席位，2个董事会席位和1个观察员席位也将会减弱新的投资者对整个董事会的影响。

新的投资者任命自己和他的一位同事成为了新的董事会成员，同时还任命他的律师担任了董事会观察员的职位。这位律师是出了名的暴躁脾气，作为一名诉讼律师，她曾经参与了几个很有影响力的风险投资官司。

刚开始，最初几次董事会议进行得还比较顺利。但不幸的是，金融危机来了，公司的利润要远远低于预期，创业者们感受到了来自董事会的层层压力。新的投资人对此情况惊慌失色，不断地将压力转嫁给公司的创业团队。除此之外，那位董事会观察者也变得越来越不友好了。

观察者会经常在董事会议上对创业者们提出质疑。依仗着自己能言善辩的本领，她甚至使得整个董事会都对现任的CEO感到不满。终于有一天，在一次董事会上，董事们同意罢免现任CEO，取而代之的是由新投资人推荐的一位候选人。

故事寓意

投资条款说明书上的条款看似没有什么太大的作用，但是它却可能会在你最意想不到的时候跳出来，在你背后咬上一口。

VENTURE CAPITAL: How to Raise Funds for Your Business.

ISBN: 978-981-4561-00-6

图书在版编目（CIP）数据

创业融资：风投不会告诉你的那些事/（新加坡）梁凯文（Kaiwen Leong），（新加坡）陈玟佑（WenyouTan），（新加坡）梁俐菁（Elaine Leong）著；潘晨译. -- 北京：中国人民大学出版社，2017.2

书名原文: Venture Capital：How to Raise Funds for Your Business

ISBN 978-7-300-23812-8

Ⅰ. ①创… Ⅱ. ①梁… ②陈… ③梁… ④潘… Ⅲ.①创业－筹资－研究 Ⅳ. ①F275.1

中国版本图书馆CIP数据核字(2017)第002725号

创业融资：风投不会告诉你的那些事

［新加坡］梁凯文 陈玟佑 梁俐菁 著

潘 晨 译

Chuangye Rongzi: Fengtou Buhui Gaosu Ni de Naxieshi

出版发行	中国人民大学出版社		
社　　址	北京中关村大街 31 号	**邮政编码**	100080
电　　话	010-62511242（总编室）		010-62511770（质管部）
	010-82501766（邮购部）		010-62514148（门市部）
	010-62515195（发行公司）		010-62515275（盗版举报）
网　　址	http：//www.crup.com.cn		
	http：//www.ttrnet.com（人大教研网）		
经　　销	新华书店		
印　　刷	北京中印联印务有限公司		
规　　格	155mm×230mm 16 开本	**版　　次**	2017 年 2 月第 1 版
印　　张	15 插页 1	**印　　次**	2017 年 9月第 2 次印刷
字　　数	217 000	**定　　价**	55.00 元